[漢]何休注 [唐]徐彥疏 [唐]陸德明音義

古本十三經注疏

春秋公羊傳註疏

上海古籍出版社

上海古籍出版社據中國國家圖書館藏元刻明修本影印

影印古本十三經注疏序

李致忠

清阮元在《重刻宋板十三經注疏總目錄》後跋中曰：「右《十三經注疏》，共四百十六卷……逮兩宋刻本浸多。有宋十行本注疏者，即南宋岳珂《九經三傳沿革例》所載建本附音注疏也。其書刻於宋南渡之後，由元入明，遞有修補。至明正德中，其板猶存，是以十行本為諸本最古之冊。」意謂南宋閩刻十行《十三經注疏》本，為經書注疏諸本中最古之本。

阮元是清代乾嘉時期的飽學之士，又曾作《十三經校勘記》，並以所藏宋十行本《十三經注疏》刻於南昌府學，嘉惠學林，影響深遠。但上引文字中，亦不免錯訛之處。「有宋十行本注疏者，即南宋岳珂《九經三傳沿革例》所載建本附音注疏也」所引之文以及所作出的判斷無誤，但認為《九經三傳沿革例》的作者乃南宋岳飛之孫岳珂，則是沿襲舊說，以訛傳訛。刊正《九經三傳沿革例》的荊溪岳氏家塾主人的確說過：「今以家塾所藏唐石刻本、晉天福銅版本、京師大字舊本、紹興初監本、監中見行本……又以越中舊本注疏、建本有音釋注疏、蜀注疏，合二十三本，專屬本經名士，反復參訂，始命良工入梓。」但說這話的人已絕非岳飛之孫岳珂，而是岳飛的九世孫岳浚。也就是說，岳浚在校刻群經過程中曾經參校過多種版本，其中就有「建本有音釋注疏」本。而這個「有音釋」的注疏本，便是指福建建陽書坊劉叔剛所刻之「附釋音」的注疏十行本。

阮氏在《重刻宋版十三經注疏總目錄》後跋中又曰「是以十行本為諸本最古之冊」。這話也不符合歷史事實。

南宋光宗紹熙三年（一一九二），兩浙東路茶鹽司提舉黃唐刊竣《禮記正義》後，在該書卷末留下一篇跋文，曰：「六經疏義，自京監、蜀本皆省正文及注，又篇章散亂，覽者病焉。本司舊刊《易》、《書》、《周禮》，正經、注、疏萃見一書，便於披繹，它經獨闕。紹熙辛亥仲冬，唐備員司庾，遂取《毛詩》、《禮記》疏義，如前三經編匯，精加讎正，用鋟諸木，庶廣前人之所未備。乃若《春秋》一經，顧力未暇，姑以貽同志云。壬子秋八月，三山黃唐謹識。」這篇跋文可以說明如下幾個問題：

一是流行的《六經》疏義，從京中國子監本，到蜀中刻本，都是將經文及注文省去，只是單疏流行，加上篇章散亂，覽者皆以為不便；二是本茶鹽司面對這種狀況，從便於讀者披閱的角度出發，舊時便刊印了《易》、《書》、《周禮》三經經、注、單疏的合刻之本，以便披繹，可是這三經以外的其它經書尚付闕如；三是紹熙二年（一一九一）辛亥仲冬，黃唐提舉兩浙東路茶鹽司，繼承本司固有傳統，又將《毛詩》和《禮記》如前三經一樣進行編匯，校勘梓行，以增廣本司舊日所未竟的事業；四是關於《春秋》一經，顧力未暇，只好留給有同樣志趣的來者。總共一百一十六字的跋文，將本司為什麼要合刻經、注、單疏，舊時刻了幾經，他來提舉茶鹽司又刻了幾經，哪一經留待來者完成，都交代得十分清楚。關於本司舊刊的《易》、《書》、《周禮》經、注、單疏合刻之本到底舊到什麼時候，今人經過仔細考證，已斷定在南宋高宗紹興（一一三一—一一六二）年間，也就是南宋初期。

黃唐字雍父，一字信厚，三山人，又題長樂（今福州）人。淳熙四年（一一七七）太學兩優釋褐，授迪功郎、

太學錄。《南宋館閣續錄》卷八載黃唐於淳熙十年（一一八三）七月除為校書郎，十二年（一一八五）二月除為秘書郎，十三年（一一八六）正月除為著作佐郎，十五年（一一八八）三月除為著作郎，十六年（一一八九）八月知南康軍，慶元二年（一一九六）六月以考功郎中兼實錄院檢討官，中間空了紹熙五年間不明去向。此處所題他於紹熙二年提舉兩浙東路茶鹽司，尚可補其行實之闕。

黃唐欲刻而「顧力未暇」的《春秋左傳正義》，八年後，即慶元六年（一二〇〇），由紹興府知府沈作賓完成了。沈氏在《春秋左傳正義》刻書跋中稱：「竊惟《春秋》一經，褒善貶惡，正名定分，萬世之權衡也。筆削淵奧，雖未易測知，然而左氏《傳》、杜氏《集解》、孔氏《義疏》發揮聖經，功亦不細。萃為一書，則得失盈衰之際與夫諸儒之說是非異同，昭然具見。此前人之雅志，繼其後者庸可已乎？遂卒成之。諸經正義既刊於倉臺，而此書復刊於郡治，合五為六，炳乎相輝，有補後學，有裨教化，遂為東州盛事。」至此，從南宋高宗紹興年間起，到寧宗慶元末的半個多世紀中，由兩浙東路茶鹽司完成了《易》、《書》、《毛詩》、《周禮》、《禮記》五經經、注、單疏合刻的任務，而《春秋左傳正義》一經的經、注、單疏合刻任務，則由當時紹興府知府沈作賓完成。作賓字賓王，吳興歸安人。以父任入仕，初監饒州永平監，歷江西提刑司檢法官，入為大理評事。改秩，通判紹興府，秩滿知台州，有政聲。寧宗慶元初，由淮南轉運判官，直華文閣，擢太府少卿，總領淮東軍馬錢糧，繼升為卿。尋除直龍圖閣，帥浙東，知紹興府。因知沈作賓知紹興府，確在慶元中，所寫上述《春秋左傳正義》刻書跋，可信而無疑。兩浙東路茶鹽司的官署在紹興，紹興府治所也在紹興，紹興古稱越州，故這六經就有了「越州本六經」之稱。「越州本六經」是經、注、單疏合刻的開山之作，不但是經學發展史上的大事，也是出版史上的創舉。此經、注、疏合刻本六經，只有《毛詩注疏》失傳，其餘五經仍在天壤間，今均藏中國國家圖書館（以下簡稱「國圖」）。它們才是諸經注疏本中「最古之冊」，十行本絶非最古。十行本只是在經、注、單疏合刻的基礎上又綴以音釋，因而成了附釋音十三經注疏本。

書肆坊主最具出版方式創新和市場需求的敏感，某種出版方式最能贏得讀者，他們很快就能抓在自己手裡，並經過添枝加葉，形成自己的賣點效應。閩建劉叔剛鐫刻附釋音經、注、單疏合刻諸經，應當就是在兩浙東路茶鹽司經、注、疏合刻六經的啓迪之下實施的。

方彥壽在《文獻》雜誌一九八八年第二期《建陽劉氏刻書考》（上）說：「劉叔剛，名中正，字叔剛，貞房第十世孫。」方氏之所以這麼說，是因為他讀到了建陽麻沙元、利二房合修的《劉氏族譜》和書坊《貞房劉氏宗譜》。前者重修於清光緒六年（一八八〇）庚辰，後者又稱《建州劉氏忠賢傳》，重修於民國九年（一九二〇）。據元葉留《為政善報事類》卷四所載，劉氏始祖劉翱，唐京兆萬年（今陝西臨潼）人，「以鎮守建州，因居建之建陽。居官廉潔，獄無留訟，所至以陰德為先。」《建州劉氏忠賢傳》卷一《開國公翱傳》進一步說翱「於唐昭宗乾寧六年（八九六）鎮守建州，領散騎常侍……時中原擾攘，公以榮祿大夫、彭城郡開國公致仕，遂與妻兄蔡長官爐、妹夫翁節度部、弟金吾將軍翔、將作監翽，渡江入閩，各擇地而居。」卜居麻沙，號西族北派；翽卜居建陽馬伏，號西族南派；翔卜居崇安五夫，號東族。翱為劉氏西族北派始祖。生有四子，曰曉、曰暐、曰曄、曰暭，分為元、亨、利、貞四房。劉書剛乃是貞房第十世孫。若以二十五年為一輩計算，當從唐乾寧六年後推二百五十年，時當南宋紹興十六年（一一四六）前後劉叔剛可能纔出生，而從事刻書出版業，則更當在南宋孝宗淳熙至

寧宗慶元前後。其仿效兩浙東路茶鹽司並添加音釋刻印附釋音諸經注疏，亦當在這個歷史時段。民國三十年（一九四一），傅增湘嘗從北京琉璃廠王文進文祿堂借閱宋劉叔剛刊本《大易粹言》，並在《藏園群書經眼錄》卷一加以著錄曰：「宋刊本，半葉十二行，行二十二字，細黑口，左右雙欄。序後有牌子，楷書二行，文曰『建安劉叔剛宅刻梓』。有曾穜序，淳熙二年九月；伊川易傳序，白雲先生易說序，紹興辛未郭雍；程九萬跋，淳熙四年；西秦李祐之跋。序跋皆十行十六字。按：此松江韓氏藏書，有咸豐己未韓應陛小字跋數行。辛巳十二月十三日，文祿堂取閱。」證明南宋淳熙初年，劉叔剛確已開始了刻書出版事業。

劉叔剛是否遍刻十三經注疏，不得而知。明黃佐《南雍志》卷十八《經籍考》曰：「《十三經注疏》刻於閩者，獨闕《儀禮》，以楊復《圖說》補之。嘉靖五年（一五二六），巡撫都御史陳鳳梧刻於山東，以板送監。」這裡的「《十三經注疏》刻於閩者」，指的絕非李元陽任福建監察御史時所刻的《十三經注疏》，因為陳鳳梧在山東補刻楊復《儀禮圖》的那一年是嘉靖五年（一五二六），這一年李元陽才剛中進士，遠未做閩中監察御史，尚未刻《十三經注疏》，所以此處之「《十三經注疏》刻於閩者」，指的應當是劉叔剛所刻的附釋音注疏本。果如是，則劉氏至少刻了十二經，只闕《儀禮注疏》一經。而《儀禮注疏》之闕，尚不能肯定因劉氏未刻而「獨闕」，還是已刻散逸而「獨闕」。

明丘濬《大學衍義補》卷九十四有一段議論：「臣於此又有一見，今世學校所誦讀，人家所收積者，皆宋以後之五經，唐以前之注疏，講學者不復習，好書者不復藏，尚幸《十三經注疏》板本尚存於福州府學，好學之士猶得以考見秦漢以來諸儒之說。臣願特敕福建提學憲臣，時加整葺，使無損失，亦存古之一事也。餘如《儀禮經傳通解》等書刻板在南監者，亦宜時為備補。」丘氏之書成於明孝宗弘治初年，即十五世紀末葉，表明他在寫此書時尚有《十三經注疏》存於福州府學。存的究竟是《十三經注疏》成書還是板片，從他所說「時加整葺，使無損失」看，應該指的是《十三經注疏》的版片。證明直到明代弘治年間（一四八八—一五〇五），劉叔剛所刻或元代所翻刻的附釋音《十三經注疏》版片仍存在福州府學。

劉叔剛所刻附釋音《十三經注疏》，後世被很多人說成宋本已無，所有者幾乎都已是元刻明修本。這也不太符合歷史事實。現將宋劉叔剛所刻附釋音《十三經注疏》迄今仍留存於世者，介紹如次。

嚴紹璗《日藏漢籍善本書錄》「經部·詩類」著錄日本足利學校遺跡圖書館藏有「《附釋音毛詩注疏》二十卷，（漢）鄭玄箋，（唐）孔穎達等疏，宋建安劉叔剛一經堂刊本。日本重要文化財」。又曰：此本「每半葉有界十行，行十八字，小字雙行，行二十三字，線黑口」。又曰：「卷中《序》後刊有篆文木記『劉氏文府』（方形）、『叔剛』（鐘形）、『桂軒』（鼎形）、『弌經堂』（方形）。」又曰：書中「凡玄、炫、驚、弘、殷、慇、匡、筐、恒、貞、禎、徵、赬、讓、勗、桓、媾、購、溝、講、慎、惇、敦等字皆缺筆」。綜合上述原書所存的這些客觀表徵，定其為「宋建安劉叔剛一經堂刻本」，可信而無疑。其付梓上板時間大約當在南宋光宗一朝，因為「惇」、「敦」已經避諱。

國圖收藏一部《附釋音春秋左傳注疏》，版本著錄為「宋劉叔剛刻本」。如此著錄的依據，是本書序後鐫有「建安劉叔剛父鋟梓」長方形隸書牌記，及鼎形「桂軒」、「藏書」，爵形「敬齋」、琴形「高山流水」木記。有如此確鑿的證據，定其為「宋劉叔剛刻本」無庸置疑。其版式行款為每半葉十行，行十七字，小字雙行，行

二十三字，細黑口，左右雙邊。有書耳。版心上方偶鐫字數。「慎」、「敦」等字缺末筆，顯避南宋孝宗趙昚、光宗趙惇嫌名之諱。只可惜國圖所藏僅存二十九卷（卷一至二十九），卷三十至六十今藏臺北故宮博物院。日本足利學校遺跡圖書館亦藏有此本，凡六十卷，二十五冊，原日人藤原憲實舊藏。日本定為重要文化財。其版式行款，與國圖所藏全同，版本著録為「宋建安劉叔剛一經堂刊本」。「慎」、「敦」、「郭」等缺筆避諱。表明劉叔剛一經堂刻附釋音《十三經注疏》時已居寧宗趙擴一朝。

國圖還藏有《監本附音春秋穀梁注疏》二十卷，（晉）范甯集解，（唐）楊士勳疏。每半葉十行，行十七字，小字雙行，行二十三字，但書口卻被著録為「白口或黑口」，邊欄被著録為「左右雙邊」。有書耳。國圖將其版本定為「宋刻元修本」。定其為「宋刻」者，因為其版式字體，行款字數，均與劉叔剛所刻上述兩經全同；定其為「元修」者，以其部分書口有的變成了白口，當屬元代再印時補板所造成的現象。

綜上可知，南宋劉叔剛所刻附釋音《十三經注疏》，就海内外而言，迄今至少尚有三種存世。如果加上國圖所藏乾隆六十年（一七九五）和珅影刻之《附釋音禮記注疏》十三卷，就是四種。原因是此本雖屬影刻，但卻完整保留了宋刻舊第，諸如序後亦鐫「建安劉叔剛宅鋟梓」長方牌記等。表明和珅影刻所依據的底本也是宋建安劉叔剛所刻。其版式行款也是每半葉十行，行十七字，小字雙行，行二十三字，細黑口，左右雙邊。清陳鱣《經籍跋文》中有一篇《宋本禮記注疏跋》，謂：「有書賈錢聽默，竊以所儲十行本重臨惠校，綴以原跋……聽默詭言惠（惠棟）校宋本，且僞用故家收藏印記，鬻諸長安貴客，以獻伯相和珅，遂屬其黨，復將毛本略校，影寫摹雕。後有珅跋，下用『致齋和珅』小印。又大學士章，又壓角印曰『子子孫孫其永寶之』。時乾隆六十年事。嘉慶三年，其家籍沒，版已散亡，印本流傳甚少。」由此可知，宋劉叔剛所刻《附釋音禮記注疏》，乃吳中書賈售予京中貴客，貴客又進獻於和珅，和珅又令黨中之人略校毛本，而後「影寫摹雕」，版行於世。然事不過三年，和珅事發，籍沒家產，書板隨之散亡，故此本乃成為絶版之本。和珅字致齋，原名善保，鈕祜祿氏，滿洲正紅旗人。這個本子雖是影宋刻，但不啻宋刻，至少是下宋版一等。

上述四經外，它如《周易兼義》、《附釋音尚書注疏》、《監本附音春秋公羊注疏》、《孝經注疏》、《論語注疏解經》、《孟子注疏解經》、《爾雅注疏》等，則可能都是元代翻刻劉氏閩本而成。其中尤其是《孝經注疏》九卷，其經序首葉版口下方鐫「泰定三年程瑞卿」，第二葉版口下方鐫「泰定丙寅英玉」。丙寅即泰定三年（一三二六），故其版本被定為「元泰定三年刻本」。北京市文物局所藏《十三經注疏》中的《孝經注疏》，與國圖所藏全同。軍科院軍事圖書資料館所藏《十三經注疏》中的《論語注疏解經》版口下方亦有「泰定四年程瑞卿刊」字樣，證明也是元泰定間所刻之本。這個信息十分重要，透露出元代翻刻宋劉叔剛附釋音《十三經注疏》時，可能就發生在元泰定年間（一三二四—一三二八）。

初，蒙古族只識弓馬，未遑文事。但隨著政權在全國的逐步確立，蒙古貴族統治者也逐漸認識到奪取政權靠武力，穩固政權卻要靠文治。因此自「太祖、太宗即知貴漢人，延儒生，講求立國之道」（明陳邦瞻《元史紀事本末序》）。太宗四年（一二三二），就曾採納耶律楚材建議，實行科舉考試，得東平楊英等四千零三十人，皆一時名士。後來廷議或以為非便，事復中輟。仁宗皇慶二年（一三一三），中書省再次提出實行科舉取士建議，並謂「專立德行明經科，以此取士，庶可得人」。十一月，仁宗下詔：「若稽三代以來，取士各有科目，要其本

末，舉人宜以德行為首，試藝則以經術為先，詞章次之，浮華過實，朕所不取。爰命中書參酌古今，定其條制。其以皇慶三年八月，天下郡縣舉其賢者能者，充賦有司。次年二月，會試京師，中選者朕將親策焉。」並規定「漢人、南人第一場明經，經疑二問……經義一道，各治一經，《詩》以朱氏為主，《尚書》以蔡氏為主，《周易》以程氏、朱氏為主。以上三經，兼用古注疏。《春秋》許用三傳及胡氏傳，《禮記》用古注疏，限五百字以上，不拘格律。」（明陳邦瞻《元史紀事本末》卷八《科舉學校之制》）其實，皇慶沒有三年，其三年已是延祐元年（一三一四）。泰定年間之所以遍翻宋劉叔剛一經堂所刻附釋音群經注疏，背景大概就是因為元代恢復科舉考試制度之後詔旨要用古注疏所促成。

元翻刻十行注疏本十三經，包括《周易兼義》九卷《音義》一卷《略例》一卷，《附釋音尚書注疏》二十卷，《附釋音毛詩注疏》二十卷，《附釋音周禮注疏》四十二卷，《儀禮注疏》五十卷，《附釋音禮記注疏》六十三卷，《附釋音春秋左傳注疏》六十卷，《監本附音春秋公羊注疏》二十八卷，《監本附音春秋穀梁注疏》二十卷，《孝經注疏》九卷，《論語注疏解經》二十卷，《孟子注疏解經》十四卷，《爾雅注疏》十一卷，凡十三經。就個人體會和理解，所謂翻刻大概有兩種情況：一種是依照底本的版式、行款、字數重新雕印，而不臨摹字體；一種是不僅照翻底本版式、行款、字數，字體也要依樣臨摹上版，元代遍翻宋劉叔剛附釋音《十三經注疏》，即屬後一種情況。翻刻本如果缺乏原底本相比勘，是很難發現它們之間細小差異的。北京大學張麗娟博士，依據現存宋劉叔剛所刻《附釋音毛詩注疏》、《附釋音春秋左傳注疏》及《監本附音春秋穀梁注疏》，與元代翻刻之此三經進行比較之後，發現有如下一些差異：一是兩者在內容體式、版刻行款、字體風格甚至某些字的特殊寫法等等，都非常相似，有很明顯的翻刻繼承關係。二是宋刻十行本版心皆為細黑口，版心上方不鐫大小字數，偶鐫字數，也只是本版總字數，不分大小，版心下方無刻工姓名；而元翻十行注疏本絕大多數變為白口，版心上方大多鐫本版大小字數，下方鐫刊工姓名；元翻十行本也偶有較粗黑口者，那是明代後印時補版的現象。三是宋刻十行本注文與釋文之間、疏文各段之間，皆以圓圈作為間隔標識，疏文與標目之間，則空一格，無任何符號標識；元翻十行本除在注文與釋文、疏文各段之間保持宋刻原式外，還在疏文標目與疏文正文之間，也加圓圈標識。四是元翻十行本與宋刊十行本最明顯的不同，在於元代翻刻時將許多宋刊時的繁體字，如國、無、後、禮、爾、實、稱、齊等字，改成了元代書鋪子，特別是閩建書鋪子常行的国、无、后、礼、尔、实、称、齐等簡體字。五是宋刻十行本中某些避諱字，元代翻刊時不再回避。另外尚有某些行款格式的微小變化。這些都是表面形式上的差異，不影響宋刻內容文字的主流。因此，在宋刊附音十行本《十三經注疏》存世極罕的情況下，收集元翻十行本附音《十三經注疏》的單行零種加以統一匯印，名之「古本十三經注疏」，恢復宋刻十行本的基本面貌，對推動經學深入研究將會是很有意義的。

阮元在《重刻宋板十三經注疏總目錄》跋文中嘗說：「元家所藏十行宋本，有十一經。雖無《儀禮》、《爾雅》，但有蘇州北宋所刻之單疏板本，為賈公彥、邢昺之原書。此二經更在十行本之前」。這裡且不說阮氏家藏十一種「十行宋本」是否都是宋本，單說在他於南昌府學重刊《十三經注疏》初成的嘉慶二十一年（一八一六）之前十年，張敦仁所刻之《儀禮注疏》五十卷已經行世，不知阮元為何不用。顧廣圻《思適齋集》卷七收有一篇顧氏代張敦仁字古餘所寫的《重刻儀禮注疏序》，序中曾言：「《儀禮》經鄭注賈疏，前輩每言其文字多誤者，

行十八字，小字雙行，行二十三字，白口，左右雙邊。十六冊。

《附釋音周禮注疏》四十二卷　（漢）鄭玄注。（唐）賈公彥疏。（唐）陸德明釋文。元刻明修本。十行十七字，小字雙行，行二十三字，黑口或白口，左右雙邊或四周單邊。二十四冊。

《儀禮注疏》五十卷　（漢）鄭玄注。（唐）賈公彥疏。清嘉慶十一年張敦仁刻本。十行十七字，小字雙行，行二十三字，白口，左右雙邊。二十冊。

《附釋音禮記注疏》六十三卷　（漢）鄭玄注。（唐）孔穎達疏。（唐）陸德明釋文。清乾隆六十年和珅影宋刻本。十行十七字，小字雙行，行二十三字，細黑口，左右雙邊。二十四冊。

《附釋音春秋左傳注疏》六十卷　（晉）杜預注。（唐）孔穎達疏。（唐）陸德明釋文。元刻明修本。十行十七字，小字雙行，行二十三字，白口，左右雙邊。三十二冊。

《監本附音春秋公羊注疏》二十八卷　（漢）何休注。（唐）徐彥疏。（唐）陸德明釋文。元刻明修本。十行十七字，小字雙行，行二十三字，白口，左右雙邊。十四冊。

《監本附音春秋穀梁注疏》二十卷　（晉）范甯注。（唐）楊士勛疏。宋刻元修本。十行十七字，小字雙行，行二十三字，白口或黑口，左右雙邊。四冊。

《孝經注疏》九卷　（唐）李隆基注。（宋）邢昺疏。元泰定三年刻本。十行十六字，小字雙行，行二十三字，白口，左右雙邊。一冊。

《論語注疏解經》二十卷　（三國魏）何晏注。（宋）邢昺疏。元刻明修本。十行十八字，小字雙行，行二十三字，白口，左右雙邊。十冊。（案：爲統一本叢書題名，《論語注疏解經》出版時改題《論語注疏》。）

《孟子注疏解經》十四卷　（漢）趙岐注，題（宋）孫奭疏。元刻明修本。十行十八字，小字雙行，行二十三字，白口，左右雙邊。十四冊。（案：爲統一本叢書題名，《孟子注疏解經》出版時改題《孟子注疏》。）

《爾雅注疏》十一卷　（晉）郭璞注。（宋）邢昺疏。元刻明修本。九行二十字，小字雙行，行二十字，黑口，左右雙邊。八冊。

監本附音春秋公羊註疏序

漢司空掾任城樊何休序。陸氏音義曰掾弋絹反 疏 漢司空掾 解云漢者巴漢之間也名也於秦二世元年諸侯叛秦沛人共立劉季以為沛公二年八月沛公入秦秦相趙高殺二世立二世兄子子嬰冬十月為漢元年子嬰降○年春正月項羽尊楚懷王以為義帝其年二月項羽自立為西楚霸王分天下為十八國更立沛公為漢王王巴漢之間四十一縣都於南鄭至漢王五年冬十二月乃破項羽軍斬之六年正月乃稱皇帝遂取漢為天下號若夏殷周既克天下乃取本受命之地為天下號云司空者漢三公官名也掾者即其下屬官也若今之三府掾是也○任城樊何休序○解云任城者郡名樊者縣名姓何名休字邵公其本傳云休為人質朴訥口而雅有心思精研六經世儒無及者大傅陳蕃辟之與參政事蕃敗休坐廢錮乃作春秋公羊解詁覃思不闚門十有七年是也序者舒也敘也舒展已意以次敘經傳之義述已作注之意故謂之序也

昔者孔子有云 疏 昔者孔子有云○解云昔者古也前也故孝經云昔者明王鄭注云昔古也檀弓上篇云予疇昔夜夢注云昔猶前也然則若對後言之即言前若對今言之即言古何氏言前古孔子有云云言也

吾志在春秋行在孝經 疏 吾志在至孝經○解云案孝經鉤命決云孔子在庶德無所施功無所就志在春秋行在孝經是也所以春秋言志在孝經言行在春秋者賞善罰惡之書見善能賞見惡能罰乃是王侯之事非孟子所能行故但言志在而已孝經者尊祖愛親勸子事父勸臣事君理關貴賤臣子所宜行故曰行在孝經也

此二學者聖人之極致 疏 此二至極致○解云二學者春秋孝經也極者盡也致之言至也言聖人作此二經之時盡已至誠而作之故曰聖人之極致也○

治世之要務也 ○治直吏反 疏 治世至務也○解云凡諸經藝互等皆治世所須但此經或是懲惡勸善或是尊祖愛親有國家者最所急行故云治世之要務也言治世之精要急務矣祭統云凡治人之道莫盡於禮禮者謂三王以來也若大道之時禮於忠信為薄正以孔子脩春秋祖述堯舜故言此考諸舊本皆作也字又且於理亦宜然若作世字者俗誤已行

傳春秋者非一 疏 傳春秋者非一○解云孔

勢雖問不得不廣【疏】[illegible]

是以講誦師言至於百萬猶有

不解【疏】[illegible]

時加釀嘲辭【疏】[illegible]

援引他經失其句讀【疏】[illegible]

以無為

有【疏】以無為有○解云公羊經傳本無以周王為天王[illegible]

甚可閔笑者【疏】[illegible]

不可勝記也【疏】[illegible]

是以治古學貴文章者謂之俗儒【疏】[illegible]

至

使賈逵緣隙奮筆以為公羊可奪左氏可興【疏】至使賈逵至可興○解云賈逵者即漢章帝時衛士令也[illegible]作長義四十一條云公羊理短左氏理長意望奪去公羊而興左氏矣鄭眾亦作長義十九條十七事專論公羊之短左氏之長在賈逵之前何氏所以不言之者正以鄭眾雖扶左氏而毀公羊但不與讖合帝王不信毀公

羊駁少與左氏不強故不言之豈如賈逵作長義四十一條
奏御于帝帝用嘉之乃知古之爲真也賜布及衣將欲存立
但未及而崩耳然則賈逵幾廢公羊故特言之**恨先師觀聽不決多隨二**

創〔疏〕恨先至二創。解云此先師戴宏等也凡論義之法先觀前人之理聽其辭之曲直然以正義決之今戴宏作解疑論而難左氏不得左氏之理不能以正義也之故云觀聽不決多隨二創者上文云至有背經任意反傳違戾者與公羊爲一創又云援引他經失其句讀者又與公羊爲一創今戴宏作解疑論多隨此二事故曰多隨二創決而舊云公羊先師說公羊義不著反與公羊爲一創賈逵緣隙奮筆奪之與公羊爲二創非也**此世之餘**

事〔疏〕此世之餘事。解云何氏言先師解義雖曰不是但有已在公羊必存故曰此世之餘事餘未必言戴氏專愚公羊未申此正是世之末事猶天下閑事也舊云何氏云前世之師說此公羊不得聖人之本旨而猶在世之末說故曰世之餘事也**斯豈非守文持論敗績失據之過**

哉〔疏〕斯豈至過哉。解云守文者守公羊之文持論者執持公羊之文以論左氏即戴宏解疑論之流矣

敗績者爭義似戰陳故以敗績言之失據者凡戰陳之法必須據其險勢以自固若失所據即不免敗績若似公羊先師欲持公羊以論左氏不閑公羊左氏之義反爲所窮已業破散是失所依據故以喻焉**余竊悲之**

久矣〔疏〕余竊悲之久矣。解云何邵公精學十五年專以公羊爲已業見公羊先師失據敗績爲他左氏先師所窮但在室悲之而已故謂之竊悲非一朝一夕故謂之久後拜爲議郎一舉而起陵羣儒之上已業得申乃得公然歎息**往者略依胡毋生條例**。毋音無**多得其正**〔疏〕

往者至其正。解云胡毋生本雖以公羊經傳授董氏猶自別作條例故何氏取之以通公羊也雖取以通傳意猶謙未敢言已盡得胡毋之旨故言略依而已何氏本者作墨守以距敵長義以強義爲廢疾以難穀梁造膏肓以舞左氏善在注傳之前猶鄭君先作六藝論訖然後注書故云往者也何氏謙不言盡得其正故言多爾**故遂隱**

括使就繩墨焉。隱括古奪反結也〔疏〕故遂至墨焉。解云隱謂隱審括謂檢括繩墨猶規矩也何氏言已隱審檢括公羊使就規矩也然則何氏最存公羊也而識記不見於書者不盡言故也而舊云善射者

隱括令審則必能中何氏自言已隱括公羊能中其義也矹木受繩墨其直必矣何氏自言規矩公羊令歸正路矣

監本附音春秋公羊註疏序終

監本附音春秋公羊註疏隱公卷第一 起元年盡元年

春秋公羊經傳解詁隱公第一 ○陸曰解詁佳買反下音古訓也。

【疏】春秋至第一○解云案舊題云春秋隱公經傳解詁第一公羊何氏則云春秋者一部之惣名隱公者魯侯之謚號經傳者雜縟之稱解詁者何所自目第一者無先之辭公羊者傳之別名何氏者邵公之姓也令定本則升公羊字在經傳上退隱公字在解詁之下未知自誰始也又云何休學今案博物志曰何休注公羊云何休學有不解者或荅曰休謙辝受學於師乃宣此義不出於已此言爲允是其義也○問曰左氏以爲魯哀十一年夫子自衛反魯十二年告老遂作春秋至十四年經成不審公羊之義孔子早晚作春秋乎○荅曰公羊以爲哀公十四年獲麟之後得端門之命乃作春秋至九月而止筆春秋說具有其文○問曰若公羊之義以獲麟之後乃作春秋何故太史公遭李陵之禍幽于縲紲乃喟然而歎曰是余罪也夫昔西伯拘羑里演易孔子戹陳蔡作春秋屈原放逐著離騷左丘明失明厥有國語孫子臏脚而論兵法此人皆意有所鬱結不得通其道也故自黃帝始作其文也案家語孔子戹於陳蔡之時當哀公六年何

言十四年乃作乎○荅曰孔子戹陳蔡之時始有作春秋之意未正作其正作猶在獲麟之後也故家語云晉文之有霸心起于曹衛越王句踐之有霸心起于會稽夫陳蔡之間立之辛也庸知非激憤厲志始於是乎者是其有意矣○問曰若左氏以爲夫子魯哀公十一年自衛反魯至十二年告老見周禮盡在魯魯史法最備故依魯史記脩之以爲春秋公羊之意據何文作春秋乎○荅曰案閔因叙云昔孔子受端門之命制春秋之義使子夏等十四人求周史記得百二十國寶書九月經立感精符考異郵說題辝且有其文以此言之夫子脩春秋祖述堯舜下包文武又爲大漢用之訓世不應專據魯史堪爲王者之法也故言據百二十國寶書也周史而言寶書者寶者保也以其可世世傳保以爲戒故名寶書也○問曰若然公羊之義據百二十國寶書以作春秋今經止有五十餘國通戎夷宿路之屬僅有六十何言百二十國乎○荅曰其初求也實得百二十國史但有極美可以訓世有極惡可以戒俗者取之若不可爲法者皆棄而不錄是以止得六十國也○問曰若言據百二十國寶書以爲春秋何故春秋說云據周史立新經乎○荅曰閔因叙云使子夏等十四人求周史記得百二十國寶書以此言之周爲天子雖諸侯史記亦得名爲周史矣○問曰六藝論云六藝者圖

所生也然則春秋者即是六藝也而言依百二十國史以為春
秋何○答曰元本河出圖洛出書者正欲垂範於世也王者
遂依圖書以行其事史官録其行事以為春秋夫子就史所
録刊而脩之云然圖書豈相妨奪也○問曰案三統曆云春
為陽中萬物以生秋為陰中萬物以成故名春秋賈服依此
以解春秋之義不審何氏何名春秋乎○答曰公羊何氏與
賈服不異亦以為欲使人君動作不失中也而春秋説云始
於春終於秋故曰春秋者道春為生物之始而秋為成物之
終故云始於春終於秋故曰春秋也而舊云春秋説云哀十
四年春西狩獲麟作春秋九月書成以其書作秋成故云春
秋也者非也何者案莊七年經云星貫如雨傳云不脩春秋
曰雨星不及地尺而復君子脩之曰星貫如雨何氏云不脩
春秋謂史記也古者謂史記為春秋以此言之則孔子未脩
之時已名春秋何言孔子脩之春作秋成乃名春秋乎○問
曰春秋据史書而為之史有左右据何史乎○答曰六藝論
云春秋者國史所記人君動作之事左史所記為春秋右史
所記為尚書是以玉藻云動則左史書之言則右史書之鄭
注云其書春秋尚書其存者記文先言左史鄭注先言春秋
明以左史為春秋矣云云云之説左氏首已成解不能○重載
夫子所以作春秋者解疑論云聖人不空生受命而制作所
以生斯民覺後生也西狩獲麟知天命去周赤帝方起麟為
周亡之異漢興之瑞故孔子曰我欲託諸空言不如載諸行
事又聞端門之命有制作之狀乃遣子夏等求周史記得百
二十國寶書脩為春秋故孟子云世衰道微邪説暴行有作
臣弑其君者有之子弑其父者有之孔子懼作春秋故史記
云春秋之中弑君三十六亡國五十二諸侯奔走不得保其
社稷者不可勝數故有國者不可以不知春秋為人臣者不
可以不知春秋為人君父而不通於春秋之義者必蒙首惡
之名為人臣子而不通於春秋之義者必陷簒弑之誅以此
言之則孔子見時衰政失恐文武道絶又見麟獲劉氏方興
故順天命以制春秋以授之必知孔子制春秋以授漢者案
春秋説云伏羲作八卦丘合而演其文瀆而出其神赤春秋
以改亂制又云丘攬史記援引古圖推集天變為漢帝制法
陳叙圖録又云丘水精治法為赤制功又云黑龍生為赤於
告云象使知命又云經十有四年春西狩獲麟赤受命倉天
權周滅火起薪采得麟以此數文言之春秋為漢制明矣○
問案莊七年星貫如雨傳云不脩春秋曰雨星不及地尺而
復君子脩之曰星貫如雨又昭十二年齊高偃帥師納北燕
伯于陽傳云伯于陽者何公子陽生也子曰我乃知之矣在
側者曰子苟知之何以不革曰如爾所不知何春秋之信史

也其序則齊桓晉文其會則主會者為之其詞則丘有罪焉爾何故孔子脩春秋有改之者何可改而不改者何○荅曰其不改者勿欲令人妄億措其改者所以為後法故改或不改示此二義○問曰公羊以魯隱公為受命王黜周為二王後案長義云名不正則言不順言不順則事不成今隱公人臣而虛稱以王周天子見在上而黜公侯是非正名而言順也如此何以笑子路率爾何以為忠信何以為事上何以誨人何以為法何以全身如此若為通乎○荅曰孝經說云孔子曰春秋屬商孝經屬參然則其微似之語獨得子夏子夏傳與公羊氏五世乃至漢胡毋生董仲舒推演其文然後世人乃聞此言矣孔子卒後三百歲何不全身之有又春秋籍位於魯以託王義隱公之爵不進稱王周王之號不退為公何以為不正名何以為不順言乎又奉天命而制作何不謙讓之有○問曰春秋說云孔子欲作春秋卜得陽豫之卦宋氏云夏殷之卦名也孔子何故不用周易占之乎○荅曰蓋孔子見西狩獲麟知周將亡又見天命有改制作之意故用夏殷之易矣或言卜則是龜之辭也不從宋氏之說若然應言陽豫之兆何言卦乎蓋龜著通名故言卜矣○問曰何氏注春秋始乎隱公則天之數不審孔子何以正于獲麟止筆乎○荅曰案哀十四年傳云春秋何以始乎隱注云据得

麟乃作祖之所逮聞也注云託記高祖以來事可及問聞知者猶曰我但記先人所聞辟制作之害所見異辭所聞異辭所傳聞異辭何以終乎哀十四年彼注云据哀公未終也曰備矣彼注云人道浹王道備必止於麟者欲見撥亂功成於麟猶堯舜之隆鳳凰來儀故麟於周為異春秋記以為瑞明大平以瑞應為効也絕筆於春不書下三時者起木絕火王制作道備當授漢也是也○問曰既言始於隱公則天之數復言三世故發隱公何○荅曰若論象天數則取十二緣情制服宜為三世故禮為父三年為祖期為高祖曾祖齊衰三月据哀錄隱兼及昭定已與父時事為所見之世又宣成襄王父時事謂之所聞之世也隱桓莊閔僖曾祖高祖時事謂之所傳聞之世也制治亂之法書大夫之卒文有詳畧故日月備于隱如是有罪之見錄不日卒于得臣明有過以見罪益師不日著恩遠之辭○問曰鄭氏云九者陽數之極九九八十一是人命終矣故孝經援神契云春秋三世以九九八十一為限然則隱元年盡僖十八年為一世自僖十九年盡襄十二年又為一世自襄十三年盡哀十四年又為一世所以不悉八十一年者見人命參差不可一齊之義又顏安樂以襄二十一年孔子生後即為所見之世顏鄭之說實亦有途而何氏見何文句要以昭定哀為所見之世文宣成襄為

所聞之世隱桓莊閔僖為所傳聞之世乎。答曰顏氏以為襄公二十三年邾婁鼻我來奔傳云邾婁無大夫此何以書以近書也又昭公二十七年邾婁快來奔傳云邾婁無大夫此何以書以近書也二文不異同宜一世若分兩屬理似不便又孔子在襄二十一年生從生以後理不得謂之所聞也顏氏之意盡於此矣何氏所以不從之者以為凡言見者目覩其事心識其理乃可以為見孔子始生未能識別寧得謂之所見乎故春秋說云文宣成襄所聞之世不分疏二十一年已後明為一世矣邾婁快邾婁鼻我雖同有以近書之傳一自是治近升平書一自是治近大平書實不相干涉而漫指此文乎鄭氏雖依孝經說文取襄十二年之後為所見之世爾時孔子未生焉得謂之所見乎故不從之。問曰孝經說文實有九九八十一為限之言公羊信緯可得不從乎。答曰援神契者自是孝經緯橫說義之言更作一理非是正解春秋之物故何氏自依春秋說為正解明矣。問曰左氏出自丘明便題云左氏公羊穀梁出自卜商何故不題曰卜氏傳乎。答曰左氏傳者丘明親自執筆為之以說經意其後學者題曰左氏矣且公羊者子夏口授公羊高高五世相授至漢景帝時公羊壽共弟子胡母生乃著竹帛胡母生題親師故曰公羊不曰卜氏矣穀梁者亦是著竹帛者題其親

師故曰穀梁也。問曰春秋說云春秋設三科九旨其義如何。答曰何氏之意以為三科九旨正是一物若摠言之謂之三科科者段也若析而言之謂之九旨旨者意也言三個科段之內有此九種之意故何氏作文謚例云三科九旨者新周故宋以春秋當新王此一科三旨也又云所見異辭所聞異辭所傳聞異辭二科六旨也又內其國而外諸夏內諸夏而外夷狄是三科九旨也。問曰案宋氏之注春秋說三科者一曰張三世二曰存三統三曰異外內是三科也九旨者一曰時二曰月三曰日四曰王五曰天王六曰天子七曰譏八曰貶九曰絕時與日月詳略之旨也王與天王天子是錄遠近親疏之旨也譏與貶絕則輕重之旨也如是三科九旨聊不相干何故然乎。答曰春秋之內具斯二種理故宋氏又有此說賢者擇之。問曰文謚例云此春秋五始三科九旨七等六輔二類之義以矯枉撥亂為受命品道之端正德之紀也然則三科九旨之義已蒙前說未審五始六輔二類七等之義如何。答曰案文謚例下文云五始者元年春王正月公即位是也七等者州國氏人名字子是也六輔者公輔天子卿輔公大夫輔卿士輔大夫京師輔君諸夏輔京師是也二類者人事與災異是也。問曰春秋說云春秋書有七缺七缺之義如何答曰七缺者惠公妃匹不正隱桓之

禍生是爲夫之道缺也文姜淫而害夫爲婦之道缺也六又
無罪而致戮爲君之道缺也臣而害上爲臣之道缺也僖五
年晉侯殺其世子申生襄二十六年宋公殺其世子痤殘虐
枉殺其子是爲父之道缺也文元年楚世子商臣弒其君髡
襄三十年蔡世子般弒其君固是爲子之道缺也桓八年正
月己卯烝桓十四年八月乙亥嘗僖三十一年夏四月四
郊不從乃免牲猶三望郊祀不
脩周公之禮缺是爲七缺也矣

何休學 ○學者言爲此經之學即注述之意

元年春王正月。○正月音征又音政後放此 疏 元年春王正月。解云若左氏之義
不問天子諸侯皆得稱元年若公羊之義唯天子乃得稱元
年諸侯不得稱元年此魯隱公諸侯也而得稱元年者春秋
託王於魯以隱公爲受命之王故得稱元年矣

元年者何 諸據疑問所不知故曰者何 疏 元年者何。解云凡諸侯不得稱元年今隱公爵猶自稱侯
而反稱元年故執不知問。注諸據至者何。解云謂諸據
有疑理而問所不知者曰者何即僖五年秋鄭伯逃歸不盟
之下傳云不盟者何注云據上言諸侯鄭伯在其中弟子疑
故執不知問成十五年仲嬰齊卒之下傳云仲嬰齊者何注
云疑仲遂後故問之是也若據彼難此即成言曷爲或言何
以或單言何即下傳云曷爲先言王而後言正月注云據下
秋七月天王先言月而後言王也公何以不言即位注云據文
公言即位也何成乎公之意注云據剌欲救紀而後不能是
也而舊解云案春秋上下何言曷爲與何皆有所據故何氏
云諸據疑者皆無所據故云問所不知故曰者何也者非

君之始年也 以常錄即位知君之始年 君魯侯隱公也年者十二月之總號春秋書十二月稱年是
也變一爲元元者氣也無形以起有形以分造起天地天地
之始也故上無所繫而使春繫之也不言公言君之始年者
王者諸侯皆稱君所以通其義於王者惟王者然後改元立
號春秋託新王受命於魯故因以錄即位明王者當繼天奉元養成萬物 疏 注以常至始年。解云正以桓文宣
成襄昭及哀皆云元年春王正月公即位故曰以常錄即位
知君之始年。注君魯侯隱公也。解云案春秋說云周五
等爵法五精公之言公公正無私侯之言候候逆順兼伺候
王命矣伯之言白明白于德子者孳恩宣德男者任功立業
皆上奉王者之政教禮法統理一國脩身絜行矣今此侯爲
魯之正爵公者臣子之私稱故言君魯侯隱公也。問曰五

等之爵既如前釋何名附庸乎。答曰春秋說下文云庸者通也官小德微附於大國以名通若畢星之有附耳然故謂之附庸矣。注變一為元。解云以下有二年三年矣上宜云一年而不言一年變言元年故決之。注元者至始也。解云春秋說云元者端也氣泉注云元為氣之始如水之有泉泉流之原無形以起有形以分窺之不見聽之不聞宋氏云無形以起在天成象有形以分在地成形也然則有形與無形皆生乎元氣而來故言造起天地天地之始也。注故上至繫之。解云春秋說云王不上奉天文以立號則道術無原故先陳春後言王天不深正其元則不能成其化故先起元然後陳春矣是以推元在春上春在王上矣。注不言至王者。解云凡天子諸侯同得稱君但天子不得稱公故喪服云君鄭云天子諸侯及卿大夫有地者皆曰君是也今據魯而言不言公之始年而言君之始年者見諸侯不得稱元會假魯為王乃得稱元故傳言君之始年微欲通魯于王故也

春者何獨在王上故執不知問

（疏）注獨在至知問。解云春夏秋冬皆是四時之名而夏秋冬三時常不得配王言之唯有春字常在王上故怪而問之

歲之始也以上繫元年在王正月之上知歲之始也春者天地開闢之端養生之首法象所出四時

本名也昏斗指東方曰春指南方曰夏指西方曰秋指北方曰冬歲者總號其成功之稱尚書以閏月定四時成歲是也。辟婢亦反本亦作闢稱尺證反下之稱卑稱同

（疏）歲之始也。問曰元年春王正月公即位實是春秋之一述始而尊直於元年春之下發言始而王正月下不言始何。答曰元是天地之始春是四時之始王正月公即位者人事之始欲見尊重天道略於人事故也。注春者至之端。解云易說云孔子曰易始於太極太極分而為二故生天地天地有春夏秋冬之節故生四時也言天地開闢分為四時春先為端始也。注養生之首。解云乾鑿度云震生萬物於東方夫萬物始生於震震東方之卦也陽氣施生愛利之道故東方為仁矣故言養生之首言是養生萬物之初首。注法象所出。解云周禮大宰云正月之吉始和布政于邦國都鄙縣治象之法于象魏使萬民觀治象挾日而斂之是象魏之法于時出之故曰法象所出矣。注四時本名也。解云凡四時先春次夏次秋次冬百代所不變故言春者四時本名矣。注昏斗至冬也。解云皆春秋說文也。注歲者至之稱。解云四時皆於萬物有功歲者是兼總其成功之稱也若以當代相對言之即唐虞曰載夏曰歲殷曰祀周曰年若散文言之不問何代皆得謂之歲矣等取一名而必取歲者蓋以夏數

爲得天正故也亦有一本云歲者總號成功之稱也○注尚書至是也○解云此堯典文彼鄭注云以閏月推四時使啓閉分至不失其常著之用成歲曆將以授民時且記時事是也

王者孰謂孰誰也欲言時王則無事欲言先王又無謚故問誰謂

（疏）注欲言至無事○解云時王即當時平王也若是當時平王應如下文秋七月天王使宰咺來歸惠公仲子之賵是其事也今無此事直言王故疑非是當時之王矣○注欲言至無謚○解云正以死謚周首故也

謂文王也以上繫王於春知謂文王也文王周始受命之王天之所命故上繫天端方陳受命制正月故假以爲王法不言謚者法其生不法其死與後王共之人道之始也

（疏）注以上至王也○解云春者歲始文王者周之始受命制法之王理宜相繫故見其繫春知是文王非周之餘王也○問曰春秋之道今有三王之法所以通天三統是以春秋說云王者孰謂謂文王也疑三代謂疑文王而傳專云文王不取三代何○答曰大勢春秋之道實兼三王是以元命包上文總而疑之而此傳專云謂文王者以見孔子作新王之法當周之世理應權假文王之法故偏道之矣故彼宋氏注云雖大略據三代其要主於文王者是也○注文王至之王○解云即我應瑞云季秋之月甲子赤雀銜丹書入豐止于昌戶昌再拜稽首受之又禮說云文王得白馬朱鬣大貝玄龜是也○注天之至天端○解云天端即春也故春秋說云以元之深正天之端以天之端正王者之政是也○注方陳至王法○解云孔子方陳新王受命制正月之事故假取文王創始受命制正朔者將來以爲法其實爲漢矣○注不言至共之○解云死謚周道文王死來已久而不言謚者正言法其生時政教正朔故曰法其生不法其死也言與後王共之者不言謚可以通之於後王後王謂漢帝也○注人道之始也○解云何氏以見上文亦始尊重天道皆傳自有始文故不須注云天道之始今此實天下之始但略於人事無始文故須注云人道之始也

曷爲先言王而後言正月據下秋七月天王先言月而後言王

王正月也以上繫於王知王者受命布政施教所制月也王者受命必徙居處改正朔易服色殊徽號變犧牲異器械明受之於天不受之於人夏以斗建寅之月爲正平旦爲朔法物見色尚黑殷以斗建丑之月爲正雞鳴爲朔法物牙色尚白周以斗建子之月爲正夜半爲朔法物見萌色尚赤○徽許韋反械戶戒反夏戶雅反後放此以意求之見賢徧反下並見同

（疏）注王者至於人○解云王者受命

必徙居處者則堯居平陽舜居蒲坂文王受命作邑於豐之屬是也其改正朔易服色殊徽號異器械者禮記大傳文鄭注云服色車馬也徽號旌旗之名也器械禮樂之器及兵甲也然則改正朔者即正朔三而改下注云是也易服色者即明堂位云鸞車有虞氏之路也鉤車夏后氏之路也大路殷路也乘路周路也夏后氏駱馬黑鬣殷人白馬黑首周人黃馬蕃鬣之屬是也其殊徽號者即明堂位云有虞氏之旂夏后氏之綏殷之大白周之大赤之屬是也其變犧牲者即明堂位云夏后氏牲尚黑殷白牡周騂剛之屬是也其異器械者器即明堂位云泰有虞氏之尊也山罍夏后氏之尊也著殷尊也犧象周尊也注云泰用瓦著著地無足夏后氏之鼓足殷楹鼓周縣鼓注云足謂四足也楹謂之柱貫中上出也縣縣之簨虡也其械者即兵甲也何氏注三十二年注云有攻守之器曰械是也而言異者即釋器云弓有緣者謂之弓無緣者謂之弭蓋以為異代相變故云異也所以止變此等者其親親尊尊之屬不可改即大傳云其不可得變革者則有矣親親也尊尊也長長也男女有別此其不可得與民變革者也是也。注夏以至尚赤。解云凡草物皆十一月動萌而赤十二月萌牙始白十三月萌牙始出而首黑故各法之故書傳略說云周以至動殷以萌夏以牙注

云謂三王之正也至動冬日至物始動也物有三變故正色有三天有三生三死故士有三王王特一生死是故周人以日至為正殷人以日至三十日為正夏以日至六十日為正是故三統三王若循連環周則又始窮則反本是也。問曰若如此說則三王所尚各自依其時物之色何故禮說云若尚色天命以赤尚赤以白尚白以黑尚黑宋氏云赤者命以赤烏故周尚赤湯以白狼故尚白禹以玄珪故尚黑也以此言之三代所尚者自是依天命之色何言法時物之牙色乎。答曰凡正朔之法不得相因爾三反本禮則然矣但見其受命將王者應以十一月為正則命之以赤瑞應以十二月為正則命以白瑞應以十三月為正即命之以黑瑞是以禮說有此言豈道不復法其牙色乎

何言乎王正月　據定公有王無正月　**疏**　注據定至正月。解云定公元年春王三月晉人執宋仲幾於京師是有王無正月凡十二公即位皆在正月是以不問有事無事皆書王正月所以重人君即位之年矣若非即位之年正月無事之時或有二月王或有三月王矣但定公即位在六月正月復無事故書三月王也其正月時不得書王矣

大一統也　統者始也摠繫之辭夫王者始受命改制布政施教於天下自公侯至於庶人自山川至於草木昆

蟲莫不一一繫於正（疏）大一統也○解云所以書正月者
月故云政教之始王者受命制正月以統天下令萬
物無不一一皆奉之以爲始故言大一統也○注摠繫之辭
解云凡前代既終後主更起立其正朔之初布象魏於天下
自公侯至於庶人自山川至於草木昆蟲莫不繫於正月而
得其所故曰摠繫之辭○注故云政教之始○解云亦以傳
不言始

公何以不言即位

據文公言即位也即位者
故足之一國之始政莫大於正始
故春秋以元之氣正天之端以天之端正王之政以王之政
正諸侯之即位以諸侯之即位正竟內之治諸侯不上奉王
之政則不得即位故先言正月而後言即位政不由王出則
不得爲政故先言王而後言正月也王者不承天以制號令
則無法故先言春而後言王天不深正其元則不能成其化
故先言元而後言春五者同日並見相須成體乃天人之大
本萬物之所繫不可不察（疏）注據文公言即位也○解云
也○治直吏反夫音扶文元年春王正月公即位是
也○閒曰桓公元年春亦書即位傳所以不從始而遠據文
公何○答曰正以文公正即位之始故也桓公篡而即位非
其正故雖即位在文公前猶不據之○注即位者一國之始
解云亦以傳無始文故言此也○注政莫大於正始○解云

爲下作文勢也言凡欲正物之法莫大於正其始時是以春
秋作五始令之相正也○注乃天至不察也○解云元年春
者天之本王正月公即位者人之本故曰天人之大本也言
萬物之所繫者春秋以之爲始令萬物繫之故不可不察耳
義

成公意也

以不言正月而去即位知其成（疏）注以
公意○而去起呂反下去同不至
公意○解云下十一年傳云隱何以無正月隱將讓乎桓故
不有其正月也然則正月者是公縣象魏出教令之月今公
既有讓意故從二年已後終隱之篇常去正月以見之故曰
不有正月也然則今此注云不有正月者謂從二年栢去正
月也今元年去即位故知成公意矣今元年言正月者公時
實行即位之禮故見之然則公意讓而行即位者獻民臣之
心故也舊云以有正月而去即位云無不字言凡書正月爲
公即位出也以元年有正月即公實行即位禮而孔子去即
位知其成公

何成乎公之意

據剌欲救紀而後不能○
讓意者非剌欲七賜反後皆同更不
音（疏）注據剌至不能○解云莊三年冬公次于郎傳曰其
言次于郎何剌欲救紀而後不能也然則欲救紀是
善事公不能救紀是不終善事而春秋書次于郎以剌之今
隱公有讓心實是善事但終讓不[illegible]爲他所殺亦是善心不

遂而春秋善之故以爲難也公將平國而反之桓平治也時廢桓立隱不平故曰

平反還之曷爲反之桓據已立也桓幼而貴隱長而卑長者

已冠也禮年二十見正而冠士冠禮曰嫡子冠於阼以著代也醮於客位加有成也三加彌尊諭其志也冠而字之敬其

名也公侯之有冠禮夏之末造也天子之元子猶士也天下無生而貴者○隱長丁丈反注及下皆同已冠工亂反下同

適子丁歷反下同醮子笑反疏注禮年至而冠○解云若以襄九年左傳言魯襄公年十二而冠也依八代說

即小是亦十二而冠則知天子諸侯幼即位者皆十二而冠矣是以異義古尚書說云武王崩時成王年十三後一年管

蔡作亂周公東辟之王與大夫盡弁以開金縢之書時成王年十四言弁明知已冠矣是其證也但隱公冠當惠公之世

從士禮故二十成人乃冠是以何氏即引士冠禮以解之所以從二十冠者異義今禮戴說云男子陽也成於陰故二十

而冠是矣而言見正者欲道庶子不冠於阼階故也○注士冠至成也○解云鄭彼注云每加於阼則醮之於客位所以

尊敬之成其爲人也是矣凡此士冠禮及禮記冠義悉皆亦有此文鄭注冠義云阼謂主人之北也適子冠於阼者不

禮則醮用酒於客位敬而成之也戶西爲客位庶子冠於房戶外又因醮焉不代父也醮注昏義云酌而無酬酢曰醮醮

之禮如冠醮與○注三加至志也○解云此士冠記文三加者先加緇布冠次加皮弁次加爵弁也彼記云始冠緇布之

冠也大古冠布齊則緇之鄭注云大古唐虞以上重古始冠冠其齊冠也諭其志者彼鄭注云彌猶益也冠服後加益尊

諭其志者欲其德之進也是矣注郊特牲云冠益尊則志益大也○注冠而字之敬其名也○解云亦彼記之文鄭注云

名者質所受於父母冠成人益文故敬之是也○注公侯至造也○解云此亦士冠禮記文彼鄭注云造作也自夏初以

上諸侯雖父死子繼年未滿五十者亦服士服行士禮五十乃命也至其衰末上下相亂簒弒所由生故作公侯冠禮以

正君臣也引之者見當時公侯有冠之言○注天子至貴者解云此亦記文鄭注郊特牲云儲君副主猶云士也明人有

賢行著德乃得貴也引之者見隱公冠時年已二十宜從士禮明矣其爲尊卑也微母俱

媵也○媵以證反又繩證反國人莫知國人謂國中凡人莫知者言惠公不早分別也男子年六

十閒房無世子則命貴公子將薨亦如之疏注國人至別也○解云古者一娶九女二嫡二媵分爲左右尊卑權

寵灼然則朝廷之上理應悉知今此傳云國人不知明是國
内凡人也雖然事大非小若早分別亦應知悉故注言惠公
不早分別是其義也。注男子至如之。解云男子六十陽
道閉藏若仍無出子其正夫人必無有生出子之理故命貴
公子以為世子也若未滿六十則無立庶子為世子之法何
者立而復黜是乃亂道故也然則言閉房者行房之事閉也
知男子六十陽道閉藏者家語云男女不六十者不閒居閒
居不禁閉房明矣言將薨亦如之者謂未滿六十者將薨之
時亦命貴公子矣 隱長又賢 此以上皆道立隱所緣。以上時掌反他皆放此 諸大
夫扳隱而立之 扳引也諸大夫立隱不起者在春秋前明王者受命不追治前事孔子曰不徼
而殺謂之虐不戒視成謂之暴。扳普顏反又必顏反引也舊數閒反 疏 注諸大至秋前。解云公子翬弒隱
立桓公仲遂弒赤立宣公皆貶去公子以起見之今此諸大
夫廢桓立隱亦是不正何故不作文貶之以見罪正以在春
秋前欲明王者受命不追治前事故也。注不戒至之暴。
解云此堯曰文何氏以不先告戒此視之而責其成功為暴。
矣 隱於是焉而辭立 辭讓也言隱欲讓 則未知桓之將

必得立也 是時公子非一 疏 注是時公子非一。解云隱公疑桓不知得立以否故知公子
非一 且如桓立 且如假設之辭 則恐諸大夫之不能相幼
君也 隱見諸大夫背正而立己不正恐其不能相之。相息亮反背正步内反下同 故凡隱之
立為桓立也 凡者凡上所慮一一事皆不可故於是已立欲須桓長大而歸之故曰為桓立明其本
無受國之心故不書即位所以起其讓也。為于偽反注同 疏 注凡者至二事。解云已若辭立則末知桓之
將得立以否是其一慮也假令使桓得立又恐諸大夫不能相幼君是其二慮也 隱長又賢何
以不宜立 。據賢繆公與大夫玃且長以得立繆音穆玃且俱縛反下子餘反 疏 注據賢至
大夫。解云文十二年經書秦伯使遂來聘傳云秦無大夫
此何以書賢繆公也何賢乎繆公以為能變也注云感而自
變悔遂霸西戎故因其能聘中國善而與之使有大夫也今
此亦善隱能讓何故不與使得立乎故難之。注玃且長以
得立。解云文十四年晉人納接菑于邾婁傳曰貴則皆貴
矣雖然玃且也長彼以玃且長故傳與邾婁人立之今此隱

嫡長何故不宜立乎故難之然則傳言長据變且傳立適
言賢据繆公而何氏先解繆公者以其事在前故
以長不以賢立子以貴不以長 適謂適夫人之子尊無與敵故以齒
子謂左右媵及姪娣之子位有貴賤又防其同時而生故以
貴也禮適夫人無子立右媵右媵無子立左媵左媵無子立
嫡姪娣嫡姪娣無子立右媵姪娣右媵姪娣無子立左媵姪
娣質家親親先立娣文家尊尊先立姪嫡子有孫而死質家
親親先立弟文家尊尊先立孫其雙生也質家据見立先生
文家据本意立後生皆所以防愛爭○姪娣夫結反下大計
反爭爭鬪之爭下同 桓何以貴 据俱公子也 母貴也 据桓母右媵 母貴
則子何以貴 据俱言公子 子以母貴 以母秩次立也 母以子
貴 禮妾子立則母得為夫人夫人成風是也 疏 注夫人成風○解云即文四年冬十有一月壬寅夫人風
氏薨五年三月辛亥葬我小君成風是也 ○三月公及邾婁儀父盟于
眜及者何與也 若曰公與邾婁盟也○邾音誅婁力俱反邾人語声後曰婁故曰邾婁禮記同

左氏穀梁無婁字儀父音甫本亦作甫人 會及暨皆與
名字放此眜亡結反穀梁同左氏作蔑
也 ○都解經上會及暨也○暨其器反下皆同 曷為或言會或言及或
言暨會猶最也 最聚也直自若平時聚會無他深淺意也最之為言聚若今聚民為投最
○曷為如字或于 疏 及者何○解云欲言汲汲公仍在喪
偽反後皆同此 欲言非汲汲及是欲文故執不知問
云曷為或言會者即下六年公會齊侯盟于艾之徒是也
或言暨者昭七年春暨齊平定十年宋公之弟辰暨仲佗石
彄出奔陳是也 及猶汲汲也暨猶暨暨也及我欲之暨
不得已也 我者謂魯也內魯故言我舉及暨者明當隨意善惡而原之欲之者善重惡深不得已者
善輕惡淺所以原心定罪 疏 注我者謂魯也○解云此通內外皆然但
以傳據內言之故言我謂魯也○注欲之至
惡深○解云善重者即此文公及邾婁儀父盟于眜是也以
其汲汲於善事故曰善重也惡深者即哀十三年公會晉侯
及吳子于黃池是也以其汲汲於惡事故曰惡深也○注不
得至惡淺○解云善輕則暨齊平是也惡淺者宋公之弟辰

褒之春秋王魯託隱公以爲始受命王因儀父先與隱公
盟可假以見褒賞之法故云爾○王魯于況反下而
王同一音如字 此其爲可褒奈何漸進也 漸者物
後王魯皆放此 事之端
先見之辭去惡就善曰進譬若隱公受命而王諸侯有倡始
先歸之者當進而封之以率其後不言先者亦爲所褒者法
明當積漸深知聖德灼然之後乃往不可 疏 注漸者至之
造次陷於不義○倡尺亮反造七報反 辭○解云言
物事之端者猶言物事之首也言先見之辭者見讀如見其
二子焉之見也若公子陽生闘然之類也云去惡就善曰進
者言能去惡就善即是行之進也○注不可至不義○解云
桓十五年夏邾婁人牟人葛人來朝朝桓惡人而貶稱人是
欲之也者是其造 昧者何地期也 會盟戰皆錄地其所
次陷於不義矣 期處重期也凡書盟
者惡之也爲其約誓大甚朋黨深背之生患禍重胥命於蒲
善近正是也君大夫盟例日惡不信也此月者隱推讓以立
邾婁慕義而來相親信故爲小信辭也大信者時柯之盟是
也魯稱公者臣子心所欲尊號其君父公者五等之爵最尊
王者探臣子心欲尊其君父使得稱公故春秋以臣子書葬
者皆稱公于者於也凡以事定地者加于例以地定事者不

加于例○慮昌慮反惡之烏路反下惡不惡其皆 疏 昧者
同大甚音泰戚親賀反近正附近之近柯音歌 何○
解云春秋之始弟子未解地期之義故執不知問○注凡書
盟者惡之○解云此言與公盟而得褒向言惡者直書其盟
新王之義而得褒賞善其盟乎○注胥命至是也○解云即
桓三年夏齊侯衛侯胥命于蒲傳云胥命者何相命也何言
乎相命近正也此其爲近正奈何古者不盟結言而退是也
○注君大至信也○解云言內君與大夫共他邦盟之時其
書日皆是惡其不信也即下二年秋八月庚辰公及戎盟于
唐文八年冬十月壬午公子遂會晉趙盾盟于衡雍之屬是
也○注故爲小信辭也○解云邾婁儀父歸于新王而見褒
賞不爲大信者以下七年秋公伐邾婁是其背信也亦不足
錄但假託以爲善故爲小信辭也○注大信至是也○解云
即莊十三年冬公會齊侯盟于柯傳曰桓公之信著乎天下
自柯之盟始焉是也○注故春至稱公○解云謂以其臣子
之辭書其葬者悉皆稱公即桓十年夏五月葬曹桓公僖四
年秋葬許繆公之屬是也若然桓十七年秋八月癸巳葬蔡
桓侯不稱公者彼注云稱侯者亦奪臣子辭也有賢弟而不
能任用反疾害之而立獻舞國幾并於蠻荊故賢季抑桓稱
侯所以起其事是也○注凡以至于例○解云謂先約其事

乃莒于某處作盟會者加于即僖二十八年夏五月盟于踐
士之屬是也○注以地至于例○解云言先在其地乃定盟
會之事者不加于即莊十九年公子結媵陳人之婦于鄄遂
及齊侯宋公盟襄三年夏六月公會單子晉侯以下同盟于
雞澤陳侯使袁僑如會叔孫豹及諸
侯之大夫及陳袁僑盟之屬是也○夏五月鄭伯克
段于鄢克之者何加之者問訓詁并問施于之爲○段徒亂反鄢音偃疏克之
者何○解云欲言其殺而經書克欲言非殺克者大惡之文
故執不知問○注加之至之爲○解云訓詁者即不言殺而
言克是也所以不直言克者何而并言之者非直問其變殺
爲克并欲問其施于鄢之所爲矣而不荅于鄢之意者欲下
乃解爲當國故此戲未勞解之弟子以其不荅于鄢之意是以下文復云其地何以難之殺之也殺
之則曷爲謂之克大鄭伯之惡也以弗克納大郤缺之善如加克
大鄭伯之惡也○郤缺去逆反下起悅反疏注以弗至之善○解云文十四年
秋晉人納接菑于邾婁弗克納傳
云其言弗克納何大其弗克納也是也曷爲大鄭伯之惡據晉侯殺其世子申生不

加克以大之疏注據晉至大之○解云在僖五年春母欲立之己殺之如
勿與而已矣如即不如齊人語也加克者有嫌也段無
弟又稱君甚之不明又段當國嫌鄭伯殺
之無惡故變殺言克明鄭伯爲人君當如傳辭不當自已行
誅殺使執政大夫當誅之克者詁爲殺亦爲能惡其能忍戾
母而親殺之禮公族有罪有司讞于公公曰宥之及三宥不
對走出公又使人赦之以不及反命公素服不舉而爲之變
如其倫之喪無服親哭之○戾力計反讞魚列反宥之音又赦也疏注明鄭至誅之○解云鄭伯爲人君之法
當如傳辭不與其國而已不宜忍戾其母而親殺之其誅之
者自是執政大夫之事○注禮公至哭之○解云皆出文王
世子也其文云公族有罪獄成有司讞于公其死罪則曰某
之罪在大辟其刑罪則曰某之罪在小辟彼注云讞之言白
也公曰宥之有司又曰在辟公又曰宥之有司又曰在辟及
三宥不對走出致刑于甸人注云對荅也先者君每言宥則
荅之以將更宥之至于三罪定不復荅走往刑之爲君之恩
無已公又使人追之曰雖然必赦之有司對曰無及也注云
罪既正不可宥乃欲赦之重刑殺其類也反命于公注云白
已刑殺公素服不舉爲之變如其倫之喪無服注云素服於

凶事爲吉於吉事爲凶非喪服也君雖不服臣卿大夫死則皮弁錫衰以居往弔當事則弁絰於士盖疑衰同姓則緦衰以弔之今無服者不往弔也倫謂親踈之比也素服亦皮弁矣親哭之注云不往弔倫位哭之而已君於臣使有司哭之是也

段者何鄭伯之弟也殺母弟故直稱君

疏 段者何○解云欲言世子母弟無出子母弟之文欲言大夫復目鄭伯以殺故執不知問

何以不稱弟據天王殺其弟年夫稱弟

疏 注據天至稱弟○解云在襄三十年夏

當國也欲當國爲之君故如其意使如國君氏上鄭所以見段之逆

其地何據齊人殺無知不地

疏 注據齊至不地○解云即莊九年春齊人殺無知是也

當國也齊人殺無知何以不地據俱欲當國也

在內也在內雖當國不地也其不當國而見殺者當以殺大夫書無取於地也其當國者殺於國內禍已絕故亦不地

不當國雖在外亦不地也明當國者在外乃地爾爲其將交連鄰國復爲內難故錄其地明當急誅之不當國雖在外禍輕故不地也月者責臣子不以時討與殺州吁同例不從討賊辭者主惡以失親親故書之○難乃旦反下此難同吁況于反

疏 注明當至地爾○解云下四年九月衛人殺州吁于濮及此皆是也○注不當至地也○解云昭四年秋七月楚子云云執齊慶封殺之昭八年夏楚人執陳行人干徵師殺之皆是也○注月者至同例○解云下四年九月衛人殺州吁之下注云討賊例時此月者久之也○注不從至書之○解云君作討賊辭當稱人以討如齊人殺無知然今不如此者經本主爲惡鄭伯失親親而書故月鄭伯而不稱人也○

秋七月天王使宰咺來歸惠公仲子之賵宰者何官也以周公加宰知爲官也○咺況阮反一音況元反賵芳仲反

疏 宰者何○解云以其言宰與周公同疑宰爲官以其言名又與宰周公異復疑非官故執不知問○注以周至官也○解云僖九年夏公會宰周公已下于葵丘是也

咺者何名也別何之者以有宰周公本嫌宰爲官

疏 咺者何○解云繫宰是官言名又卑稱故執不知問○注別何至爲官○解云所以不言宰咺者何而別何之者亦以周公加宰爲周公身上官故別何之令相遠若然上注云以周公加宰知爲官而此注

又云本嫌宰為官者言宰周公宰為周公身上官今此言宰亟亦嫌宰為亟之身上官也不謂二注異宰即非亟之身上官而繫宰言之者次士以官錄言其是宰下之士故也○**曷為以官氏**據石尚**疏**注據石尚○解云定十四年秋天王使石尚來歸脤石尚亦是士而不以官錄之故以為難也**宰士也**天子上士以名氏通中士以官錄下士畧稱人**疏**注天子至稱人○解云天子上士以名氏通者即石尚來歸脤是也云中士以官錄者言以所繫之官錄之即此是也云下士畧稱人者即僖八年春公會王人以下盟于洮是也**惠公者何隱之考也**生稱父死稱考入廟稱禰○禰乃禮反**疏**惠公者何○解云春秋從隱至哀皆無惠公歸賵言來故執不知問○注生稱父○解云即下曲禮云生曰父是也廣雅云父者矩也以法度威嚴於子言能與子作規矩故謂之父○注死稱考○解云即下曲禮曰死曰考是也周書謚法大慮行節曰考爾雅云考成也言有大慮行節之度量堪成以下之法故謂之考鄭注曲禮云考成也言其德之成也義亦通於此○注入廟稱禰○解云即襄十二年左傳曰同族於禰廟是也舊說云禰字示傍爾言雖可入廟是神示猶自最近于已故曰禰**仲**

子者何桓之母也以無謚也仲字子姓婦人以姓配字不忘本也因示不適同姓生稱母死稱妣○妣必履反**疏**仲子者何○解云正以上不見仲子卒文而得歸賵故執不知問○注以無謚也○解云凡春秋之義妾子為君者其母得稱謚即文公九年冬秦人來歸僖公成風之襚是也今桓未為君故其母不得稱謚也是以見其不稱謚即知桓之母也○注仲字至同姓○解云字者本國所加故稱字見其不忘本國也所以稱姓者示不適同姓矣○注生稱至稱妣○解云即下曲禮云生曰父曰母死曰考曰妣是也○問曰考與妣是死稱父與母是生稱惠公仲子之卒俱在春秋前何故此傳惠公言隱之考舉死名仲子言桓之母舉生名乎○荅曰仲子已葬說之後實合舉死稱但禮家本意母死曰妣者比於父之義也故鄭彼云妣之言媲媲於考也但仲子是妾桓未為君其母不得為夫人卑不得比于父故還以母言之○**何以不稱夫人**此難生時之辭也據秦人來歸僖公成風之襚成風稱謚今仲子無謚知生時不稱夫人**疏**注此難至稱也○解云文九年冬秦人來歸僖公成風之襚舉風之謚案經成風生時傳稱夫人何者礼妾賤不得有謚故也今仲子不舉謚不與成風同明生時不得稱夫人可

知故傳家遂辭之桓未君也賵者何喪事有賵賵者蓋
以馬以乘馬束帛此道周制也以馬者謂士不備四也禮既夕曰公賵玄纁束帛兩馬
是也乘馬者謂大夫以上備四也禮大夫以上至天子皆乘
四馬所以通四方也天子馬曰龍高七尺以上諸侯曰馬高
六尺以上卿大夫士曰駒高五尺以上束帛謂玄三纁二玄
三法天纁二法地因取足以共事○乘馬繩證反注乘馬同
纁許云反
共音恭
疏 賵者何○解云初入春秋弟子未曉賵義故
執不知問○注此道周制也○解云知者正
以上云以馬與士既夕禮同下言乘馬與士異明知周之禮
大夫以上皆有四馬矣○注以馬至四也○解云以下言乘
馬明上文直言以馬者士禮兩馬可知故即引禮爲證矣○
注禮大夫至方也○解云案異義古毛詩說云天子至大夫
同駕四皆有四方之事士駕一也詩云四騵彭彭武王所乘
龍旂承祀六轡耳耳魯僖所乘四牡騑騑周道倭遲大夫所
乘書傳云士乘飾車兩馬庶人單馬木車是也○問曰君然
異義公羊說引易經云時乘六龍以馭天下也知天子駕六
與此異何○答曰彼謹案亦從公羊說即引王度記云天子
駕六龍諸侯與卿駕四大夫駕三以合之鄭駁云易經時乘

六龍者謂陰陽六爻上下耳豈故爲禮制王度記云今天子
駕六者自是漢法與古異大夫駕三者於經無以言之者是
也然則彼公羊說者自是章句家意不與何氏合何氏此處
不依漢禮者蓋時有損益也○注天子至以上○解云月令
天子駕倉龍是其高七尺者漢制也其六尺五尺亦然○注
諸侯曰至以上○解云魯頌曰魯侯戾止其馬蹻蹻是也○
注卿大夫至以上○解云詩云皎皎白駒食我場苗是也○
注束帛至纁二○解云雜記上云魯人之贈三玄二纁是也
○注玄三至共事○解云天入數不但三地數
不但二而取三二者因取足以共事故也
車馬曰賵
貨財曰賻衣被曰襚此者春秋制也賵猶覆也賻猶助也皆助生送死之禮襚猶遺
也遺是助死之禮知生者賵賻知死者
贈襚○賻音附襚音遂猶遺唯季反
疏 注此者春秋制
也○解云上陳
周制說下乃言賵賻襚此三者是春秋之內事故云此者春
秋制也○注知生至贈襚○問曰案既夕禮云知死者贈知
生者賻鄭注云各主於所知以此言之賵專施于生者何○
答曰賻專施于生襚專施于死賵實生死兩施故何氏注知
生知死皆言賵矣而既夕禮專言知生者對贈言之故也○
問曰何知賵生死兩施乎○答曰案既夕禮云兄弟賵奠可

也注云兄弟有服親者可以賵且奠許其厚也賵奠於死生兩施又云所知則賵而不奠鄭注云所知通問相知也降於兄弟奠施於死者爲多故不奠以此言之明賵與奠皆生死兩施也言奠於死亦者爲多故知賵生死等矣 桓未君則諸侯曷爲來賵之 據非禮 疏 注據非禮○解云桓公未爲君則其母猶妾故諸侯賵之爲非禮 隱爲桓立故以桓母之喪告于諸侯 經言王者賵赴告王者可知故傳但言諸侯○隱爲于僞反下注爲並年末注同告古毒反一音古報反 疏 注故傳但言諸侯○解云諸侯之賵及事則在春秋之前故不書矣然則諸侯有相賵之道隱以桓母成爲夫人告天子諸侯天子猶來何況諸侯乎故傳舉以言焉 然則何言爾成公意也 尊貴桓母以赴告天子諸侯彰桓當立得事之宜故善而書仲子所以起其意成其賢 其言來何 據歸含且賵不言來○歸唅本又作含戶暗反下同 疏 注據歸至言來○解云文五年春王使榮叔歸含且賵是 不及事也 比於去來爲不及事時以葬事畢無所復施故云爾去來所以爲及事者若已在於內者 疏 注比於至云爾○解云公羊之例若其奔喪會葬不問來之早晚及事不及事皆言來矣故文元年春天王使叔服來會葬夏四月葬我君僖公者是其及事言來也文五年三月葬我小君成風下乃言王使召伯來會葬注云去天者不及事是不及事亦言來矣故元年傳云其言來會葬何會葬禮也注云但解會葬者明言來者常文不爲早晚施也定十五年夏邾婁子來奔喪傳云其言來奔喪何奔喪非禮也彼注云但解奔喪者明言來者常文不爲早晚施也以此言之則知奔喪會葬之例不問早晚悉言來矣若其含賵禭及事則不言來不及事則言來是以惠公仲子之葬悉在春秋前至此乃來歸賵傳曰其言來何不及事也又注云比於去來爲不及事時以葬事畢無所復施故云爾去來所以爲及事者若已在於內者是也若含不及事亦須言來也故文四年冬十有一月壬寅夫人風氏薨五年春王使榮叔歸含且賵彼注云不從含晚言來者本不當含也以此言之明諸侯含晚須言來矣何者諸侯鄰國禮容有含故也若其禭也文九年秦人來歸僖公成風之禭亦是不及事言來也何氏不注者以其可知省文故也所以如此作例者以奔喪會葬所以通哀亭志必有所費容其事故稽留不必苟責其及時也其含賵禭之等皆是死者所須若其來晚則無及於事故須作文見

[illegible]

其早晚矣其言惠公仲子何據歸含且賵不言主名兼之兼之
非禮也禮不賵妾既善而賵之當各使一使所以異尊卑也言之賵者起兩賵也○使所吏反【疏】
注言之至賵也○解云以此言之則文九年秦人來歸僖公成風之襚言之襚者亦起兩襚矣何以不言
及仲子據及者別公夫人尊卑文也仲子即卑稱也○別彼列反【疏】注據及至文也解云即僖十一
年夏公及夫人姜氏會齊侯于陽穀是也仲子微也比夫人微故不得並及公也月者爲內恩録之
也諸侯不月比於王者輕會葬皆同例言天王者時吳楚上
僭稱王王者不能正而上自繫於天也春秋不正者因以廣
是非稱使者王尊敬諸侯之意也王者據土與諸侯分職俱
南面而治有不純臣之義故異其辭謂之伯舅叔舅同姓謂之
伯父叔父言歸者與使有之辭也天地所生非一家之有有
無當相通所傳聞之世外小惡不書書者來接內也春秋王
魯以魯爲天下化首明親來被王化漸漬禮義者在可備責
之域故從內小惡舉也主書者從不及事也○儹子兪反而
治直吏反下皆同所傳直專反【疏】注月者爲內恩録○解
下文所傳并注同被皮寄反云此文及文五年春王

正月王使榮叔歸含且賵皆是內恩録之也○注諸侯至者
經○解云即文九年冬秦人來歸僖公成風之襚是也○注
會葬皆同例○解云若王使人來則書月爲內恩録之若諸
侯使人來即不月以爲比王者爲輕故文五年春三月王使
召伯來會葬文元年二月天王使叔服來會葬皆是也其諸
侯使人來會葬不月者春秋之內偶爾無之其襄二十一年
冬十有一月滕子來會葬定十五年九月滕子來會葬皆書月者
彼是諸侯身來會葬非使人仍自非常也以此義推言之則
鄭解王與諸侯者皆是使人非身自來也而舊云襄二十一
年月者爲下癸酉葬襄公出之會葬不蒙月定十五年月者
爲下葬定公出之會葬亦不蒙上月者非也○注春秋至是
非○解云若正之當直言王今不正之而亦言天者欲以廣
見是非故也何者若單言王是其正稱今兼亦言天是其非
正矣○注稱使至意也解云成二年傳云君不行使乎大
夫由尊卑不敵故也今天子與諸侯亦尊卑不敵所以言使
者天子見諸侯與已分職俱南面而治有不純臣之義故尊
敬之而使歸賵故曰尊敬諸侯之意也○注有不至之義
解云喪服斬衰章云臣爲君諸侯爲天子既言臣爲君而別
言諸侯爲天子明其與純臣有異其異者即不居喪位是○
注故異至叔父解云下曲禮及覲禮記文○注言歸者至

之辭也　解云春秋大例正公是已物乃言歸即歸讙及闡之屬是也今此賵之車馬先非魯物而言歸者與魯有之辭○注所傳至內也　解云春秋之義所傳聞之世外小惡皆不書今此緩賵是外之小惡當所傳聞之世未合書見而書之者由被內故也○九月及宋人盟于宿孰及之内之微者也內者謂魯也微者謂士也不名者略微也大者正小者治近者說遠者是以春秋上刺王公下譏卿大夫而逮士庶人宋稱人者亦微者也魯不稱人者自內之辭也宿不出主名者主國主名與可知故省文明宿當自首其榮辱也微者盟例時不能專正故責略之此月者隱公賢君雖使微者有可采取故錄也○于宿音夙國名說音悅逮音代又大計反後省文皆同故省所

疏注微者謂士也　解云正以公羊之例大夫悉見名氏與卿同今此不見名氏故知士也○注明宿至辱也　解云理是則主人先榮理非則主人先辱故曰首其榮辱也○注微者至故錄也　解云春秋之例若尊者之盟則大信時小信月不信日見其責也若其微者不問信與不信皆書時悉作信文以略之即僖十九年冬會陳人蔡人楚人鄭人盟于齊之屬是今此書月者義如注釋○冬十有二

月祭伯來祭伯者何天子之大夫也以無所繫言來也祭伯側界反五年注放此

疏祭伯者何　解云欲言王臣不言王使欲言諸侯復不言朝欲言失地之君復不言奔故執不知問○注以無至來也　解云外諸侯臣來聘宜繫國稱使即文四年秋衛侯使甯俞來聘之屬是也若直來亦有所繫如閔元年冬齊仲孫來之屬是若外諸侯之臣來奔當繫國言來奔即文十四年秋宋子哀來奔襄二十八年冬齊慶封來奔之屬是也今無所繫直言來故知宜是天子之大夫也何以不稱使據凡伯稱使

疏注據凡伯稱使　解云即下七年天王使凡伯來聘是也奔也奔者走也以不稱使而無事知其奔

疏注以不至其奔　解云下三年武氏子來求賻文九年毛伯來求金是無使文而有事也上文秋七月天王使宰咺文元年天王使叔服之等皆是有使有事也今此無使復無事故知其正是奔也奔則曷為不言奔據齊慶封來言奔

疏注據齊至言奔　解云在襄二十八年冬王者無外言奔則有外之辭也言奔則有外大夫來奔同文故去奔明王者以天下為家無絕

義主書者以罪舉內外皆書者重乖離之禍也當春秋時廢選舉之務置不肖於位輙退絕之以生過失至於君臣忿爭出奔国家之所以昏亂社稷之所以危亡故皆録之録所奔者為受義者明當受賢者不當受惡人也祭者采邑也伯者字也天子上大夫字尊尊之義也月者為下卒也當案下例當蒙上月日不也奔則時一月二事月當在上十言有二者起下復有二非十中之二○選息變反肖音笑乘上代反

疏 注故去至絕義○問曰若王者以天下為家無絕義故不言奔何故襄三十年夏王子瑕奔晉昭二十六年冬尹氏召伯毛伯以王子朝奔楚成十二年春周公出奔晉皆言奔乎○答曰春秋進退無義若來奔魯者見王者以天下為家無絕義故不言奔矣若奔列國即見春秋黜周與之諸侯同例故言奔矣既以魯為王而不專黜周者若專黜周則非遜順之義故也○注書者以罪舉○解云一則罪祭伯之去王一則罪魯受叛人故曰以罪舉○注內外皆書者重乖離之禍也○解云內書者閔二年秋公子慶父出奔莒是也又在外奔書者昭二十年冬十月宋華亥向寧華定出奔陳之屬是也○注當春至於位○解云王制云凡官民材必先論之論辨然後使之任事然後爵之位定然後祿之爵人於朝與士共之是擇人之法也當春秋之時不問賢與不肖悉

皆出位故言此○注輙退至過失○解云君若退絕其臣不聽出祿以生過失矣○注至於至出奔○解云由不肖者在位故有忿爭出奔之事矣○注伯者字也○解云知伯非爵者正見桓八年經云冬祭公來遂逆王后于紀公是其爵明伯是其字矣○注當案至不也○解云一月有數事重者皆蒙月也若上事輕下事重輕者不蒙月重者自蒙月若上事重下事輕則亦重者蒙月輕者不蒙月故言當案下例當蒙上月矣日不者謂一日有數事即不得上下相蒙故桓十二年冬十一月丙戌公會鄭伯盟于武父丙戌衛侯晉卒後下注云不蒙上日者春秋獨晉書立記卒耳當蒙上日與不嫌異於篡例故復出日明同是也○注奔例時○問曰襄三十年夏五月王子瑕奔晉昭二十六年冬十月尹氏召伯毛伯以王子朝奔楚悉書月何言例時乎○答曰案襄三十年五月甲午宋災伯姬卒天王殺其弟年夫王子瑕奔晉昭二十六年冬十月天王入于成周尹氏召伯毛伯以王子朝奔楚以此言之則似月為上事具二處出奔仍不蒙月是以襄三十年五月甲午之下注云外災例時此日者為伯姬卒日昭二十六年冬十月之下注云月者為天下喜録王者反正位是其月為上事之明文不妨出奔仍自時也故此乃注云月者為下卒奔例時也舊云春秋王魯是以王臣來奔魯者悉

與外諸侯之臣來奔同書時故與襄二十八年冬齊慶封來奔同書時矣若王臣奔他國者悉皆書月見別于諸侯之臣矣是以王子瑕毛召之徒悉皆書月○問曰若然成十二年春周公出奔晉亦是出奔何故不月○荅曰王臣之例實不言出亦不書時但周公自其私土出奔故自從小国之例言出書時矣凡諸侯出奔大国例月小国時○

公子益師卒何以不日据臧孫辰書日○不日人實反此傳皆以日月為例後放此（疏）

注据臧孫辰書日○解云即文十年春王三月辛卯臧孫辰卒者也○問曰下五年冬十二月辛巳公子彄卒亦書日所以不據之而遠據文十年之篇何○荅曰下五年何氏云日者隱公賢君宜有恩礼於大夫益師始見法無駭有罪俠又未命也故獨得於此日以義言之可由同在所傳聞之世非嫌書日之限故不據之所聞之世大夫日卒者非一止據辰者以其是所聞之始故也

遠也孔子所不見

所見異辭所聞異辭所傳聞異辭所見者謂昭定哀己與父時事也所聞者謂文宣成襄王父時事也所傳聞者謂隱桓莊閔僖高祖曾祖時事也異辭者見恩有厚薄義有深淺時恩衰義缺將以理人倫序人類因制治亂之法故於所見之

世恩己與父之臣尤深大夫卒有罪無罪皆日錄之丙申季孫隱如卒是也於所聞之世王父之臣恩少殺大夫卒無罪者日錄有罪者不日略之叔孫得臣卒是也於所傳聞之世高祖曾祖之臣恩淺大夫卒有罪無罪皆不日略之也公子益師無駭卒是也於所傳聞之世見治起於衰亂之中用心尚麤觕故内其国而外諸夏先詳内而後治外錄大略小内小惡書外小惡不書大国有大夫小国略稱人内離會書外離會不書是也於所聞之世見治升平内諸夏而外夷狄書外離會小国有大夫宣十一年秋晉侯會狄於攢函襄二十三年邾婁鼻我來奔是也至所見之世著治大平夷狄進至於爵天下遠近小大若一用心尤深而詳故崇仁義譏二名晉魏曼多仲孫何忌是也所以三世者礼為父母三年為祖父母期為曾祖父母齊衰三月立愛自親始故春秋据哀錄隱上治祖禰所以二百四十二年者取法十二公天數備足著治法式又因周道始壞絕於惠隱之際主所以卒大夫者明君當隱痛之也君敬臣則臣自重君愛臣則臣自盡公子者氏也益師者名也諸侯之子稱公子公子之子稱公孫○見恩賢遍反下見治皆同殺所介反麤觕才古反又七奴反說文大也諸夏戶雅反凡諸夏皆放此攢函才官反下音咸太平音泰鼻音基齊衰音咨本亦作齋下七雷反盡津忍反

疏注所見至事也　解云孔子親仕之定哀故以定哀為
已時定哀既當於已明知昭公為父時事知昭定哀為
所見文宣成襄為所聞隱桓莊閔僖為所傳聞若春秋緯文
也○注時恩衰義缺　解云當時子弒父父殺子為恩衰也
臣弒君君殺臣為義缺故喪服四制云為父斬衰三年以恩
制為君斬衰三年以義制是也○注㴱以至之法　解云孔
子見時如此遂制春秋理人倫者斷理君臣之倫次令得所
也序人類者類謂父子序父子之恩使之厚也因以制治亂
之軌式矣○注故於至卒是也　解云隱如逐君而書日即
定五年丙申季孫隱如卒是也若非罪書日即昭二十五年
冬十月戊辰叔孫舍卒二十九年四月庚子叔倪卒是也而
此注不言之者從省文也○注於所至日錄　解云無罪書
日者即襄五年冬十有二月辛未季孫行父卒襄十九年八
月丙辰仲孫蔑卒是無罪而書日者錄之故也若然文十四
年九月甲申公孫敖卒于齊敖實有罪而書日者彼注云已
絕卒之者為後齊所脅歸其喪有恥故為內諱使若尚為大
夫是也○注有罪至是也　解云宣五年九月叔孫得臣卒
何氏云不日者知公子遂欲弒君為人臣知賊而不言明當
誅是有罪而不日者略之故也○注於所見至卒是也　解
云公子益師無罪而不日即此是也無駭有罪而不日即下
八年冬十有二月無駭卒是也若然莊三十二年秋七月癸
巳公子牙卒僖十六年三月壬申公子季友卒秋七月甲子
公孫慈卒並是所傳聞之世而得書日卒之下何氏云恶
不卒大夫而卒牙者本以當國將弒君書日者錄季子之過
惡也其季友之下何氏云日者僖公賢君宜有恩禮於大夫
故皆日也其公孫慈之下何氏云一年喪骨肉三人故日痛
之是也○注錄大略小　解云謂錄大國卒葬小國卒葬不
錄是也○注內離至是也　解云內離會者即下二年春公
會戎于潛桓元年春公會鄭伯于垂是也外離會不書者桓
五年齊侯鄭伯如紀傳云外相如不書此何以書離不言會
也何氏云時紀不與會故略言如也○注於所至升平　解
云升進也稍稍上進而至於大平矣○注宣十至攢函　解
云即此經云當是二義也○注襄二至是也　解云若然
莊二十四年冬曹羈出奔陳莊二十七年冬莒慶來逆叔姬
皆非所聞之世而小國得有大夫書名者曹羈之下傳云曹
無大夫此何以書賢也莒慶之下傳云莒無大夫此何以書
譏爾大夫越竟逆女非禮也然則一譏一賢故變例書之爾
○注至所至大平　解云當爾之時實非大平但春秋之義
若治之大平於昭定哀也猶如文宣成襄之世實非升平但
春秋之義而見治之升平然○注夷狄至於爵　解云即哀

四年夏晉人執戎蠻子赤歸于楚十三年夏公會晉侯及吳
子于黃池是也○注晉魏曼多仲孫何忌是也　解云哀十
三年晉魏多帥師侵衛傳云此晉魏曼多也曷爲謂之晉魏
多譏二名二名非禮也定六年仲孫忌圍運傳云此仲孫何
忌也曷爲謂之仲孫忌譏二名二名非禮也何氏云春秋定
哀之間文致大平欲見王者治定無所復爲譏唯有二名故譏
之出春秋之制也○注所以至三年　解云母雖不斬齊
衰與斬同故連言之○注爲曾至三月　解云不言高祖父
母者文不備○注立愛自親始　解云即祭義云子曰立愛
自親始教人睦也立敬自長始教人順也鄭注云親長父兄
也睦厚也是○注故春至祖禰　解云即大傳云上治祖禰
尊尊也下治子孫親親也旁治昆弟合族以食序之昭穆別
之以禮義人道竭矣鄭注云治猶正也竭盡也○注取法至
法式　解云考諸舊本皆作式字言取十二公者法象天數
欲著治民之法式也若作戒字言著治亂之法著治
國之戒矣○注諸侯至公孫　解云出喪服傳也

監本春秋公羊註疏隱公卷第一

監本春秋公羊註疏隱公卷第二 起二年盡四年

何休學

二年春公會戎于潛 凡書會者惡其虛內務恃外好也古者諸侯非朝時不得踰竟所傳聞之世外離會不書書內離會者春秋王魯明當先自詳正躬自厚而薄責於人故略外也王者不治夷狄錄戎者來者勿拒去者勿追東方曰夷南方曰蠻西方曰戎北方曰狄朝聘會盟例皆時○惡烏路反好呼報反非朝直遙反凡此字不音者皆同踰竟音境令本多即作境字更不音所傳直專反年末相傳同 疏 注凡書會者至外好也○解云以其非自求多福之義故也○注古者諸侯至踰境○解云案曲禮下云諸侯相見於隙地曰會故定十四年注云古者諸侯將朝天子必先會閒隙之地以此言之則會合於禮言會為惡之非朝時不得踰竟者正以春秋之會非為天子而作之故得然解○注古者不治至勿追○解云言當是所傳聞之世王者草創夷狄有罪不暇治之即先書晉滅下陽未書楚滅穀鄧是也而此經錄戎者來者勿拒故也○注東方曰夷至曰狄○解云下曲禮及王制皆有此文○注朝

候吉刻校

聘至皆時○解云朝書時者即文十五年夏曹伯來朝昭十七年春小邾子來朝之類是也其聘書時者即文四年秋衞侯使甯俞來聘文六年夏季孫行父如陳之屬是也其會書時者即莊十三年春齊侯宋人以下會于北杏十四年冬單伯會齊侯宋公以下于鄄之屬是也盟書時者即莊十三年冬公會齊侯盟于柯之屬是也其有書日月者皆別著義即不信者日小信者月之屬是也○夏五月莒人入向入者何得而不居也 入者以兵入也已得其國而不居故云爾凡書兵者正不得也外內深淺皆舉之者因重兵害衆兵動則怨結禍更相報償伏尸流血無已時諸侯擅興兵不為大惡者保伍連帥本有用兵征伐之道魯入杞不諱是也入例時傷害多則月○莒音舉向舒亮反國名更音庚償時亮反擅市戰反 疏 入者何○解云侵伐戰圍入皆是用用兵之文而不言帥帥故執不知問○注凡書兵至得也○解云言春秋之內凡書兵事者皆欲言正之道其理不合然○注諸侯至是也○解云保伍連帥者即禮記王制云五國為屬屬有長二屬為連連有帥是也言本有用兵征伐之道者謂禮五國為屬屬有長二以為連連有帥三連為卒卒有正七卒為州州有伯若州內有無道者則長帥正伯當征之

[illegible]

君其不征則與同悪故曰有征伐之道知非大悪者正以春秋之義內大悪皆諱不書而魯入杞者即僖二十七年秋公子遂帥師入杞者是也若然禮法諸侯賜弓矢然後專征伐而保伍連帥得有征伐之道謂隨州伯故也○注入例至則月○解云入例時者即成七年秋吳入州來定五年夏於越入吳之屬是也傷害多則月者此文及僖三十三年春王二月秦人入滑是也若然僖二十七年秋八月乙巳公子遂帥師入杞而書日者彼注云日者杞屬脩禮朝魯雖無禮君子躬自厚而薄責於人不當乃入之故録責之者是其不引者以此求之○無駭帥師入極

無駭者何展無駭也何以不氏據公子遂帥師入杞氏公子也○駭戸楷反【疏】無駭者何○解云欲言其君經不書爵欲言大夫又復無氏故執不知問○注據公子遂帥師至子也○解云在僖二十七年秋

貶貶猶損也○貶彼撿反損也曷為貶據公子遂俱用兵入杞不貶也疾始滅也以下終其身不氏知貶疾始滅非但起入為滅【疏】注據公子遂俱用至貶也

解云欲決隱八年庚寅我入邴非用兵故也○注以下終至為滅○解云即下八年無駭卒傳曰何以不氏疾始滅也故

終其身不氏然則若直欲起此入為滅止應此經貶之而已不應終身貶之故知并欲起其疾始滅也始滅

昉於此乎昉適也齊人語據傳言撥亂世○昉甫往反適也【疏】注昉適也齊人語○解云胡毋生齊人故知之若鄭譜云然則詩之道放於此乎之類○注據傳言撥亂世○解云哀十四年傳云君子曷為為春秋撥亂世反諸正莫近諸春秋是也既言作春秋治亂世明知始前相滅非一矣而此經為始疾滅是以據而難之前

此矣前此者在春秋前謂宋滅郜是也○郜古報反前此則曷為始乎此

託始焉爾焉爾猶於是也【疏】注謂宋滅郜是也○解云桓二年夏四月取郜大鼎于宋傳云此取之宋其謂之郜鼎何器從名彼注云從本主名名之宋始以不義取之故謂之郜鼎是也然則宋滅郜在春秋前故如此解○

曷為託始焉爾据戰伐不言託始【疏】注据戰至託始○解云隱二年鄭人伐衛桓十年齊侯衛侯鄭伯來戰于郎傳皆不言託始焉爾故難之而注先言戰者直漫據春秋上下戰伐之事而已故意及則言不為次第矣

春秋之始也春秋託王者始起所當誅也言疾始滅者諸滅復見不復

戚皆從此取法所以省文也○復（疏）注言戚滅至省文也
見扶又反下不復同見音賢徧反 解云諸滅復見不復
見即定四年蔡公孫歸姓帥師滅沈
定六年鄭游遬帥師滅許之屬是也 此滅也其言入
何 據齊師滅譚不言入 內大惡諱也 明魯臣子當爲君父諱滅 例月下復出月者與上同
月常案下例當蒙上月日不○（疏）注據齊師滅譚不言入
當爲于僞反下爲後皆隱同 解云在莊十年○注滅
例月至同月○解云莊十年冬十月齊師滅譚莊十三年夏
六月齊人滅遂之屬是也○注常案下至日不○解云元年
祭伯來之下已有此注而復言之者正以彼月爲下公子益
師卒其祭伯來奔不蒙月今此夏五月二事皆蒙之嫌眞異
故重發之○秋八月庚辰公及戎盟于唐 後不相犯日 者爲後背隱
而善相能自復爲 唐之盟○背音佩（疏）注後不相至之盟○解云春秋之例 不信者日故後不相犯日者言爲後
背隱而善相能自復爲唐之盟者即桓二年秋九月公及戎
盟于唐是也言背隱者桓是弑君之賊而與桓盟是背隱之
義矣言善桓能自復者戎與桓同好相繼其所能故善其
得國矣若左氏之義以極是戎國都案此經傳及注似非一

物而舊解曰以爲 戎能自復者非也○九月紀履緰來逆女紀履緰
者何紀大夫也 以逆女不稱使知爲大夫○履緰音須左氏爲裂繻（疏）紀履緰者何○
解云不書爵又不言使君臣不明故執不知問○注以逆至
大夫○解云正以桓三年秋公子翬如齊逆女之屬皆是大
夫爲君逆女而文皆不言使今此履緰逆女
不言使故知是大夫也或者使爲爵字誤也 何以不稱
使 據宋公使公孫壽來納幣稱使 婚禮不稱主人 爲養廉遠恥也（疏）注據宋公
至稱使○解云在成八年夏○注爲養
廉遠恥也者謂養成其廉遠其慙恥也 然則曷稱稱諸
父兄師友宋公使公孫壽來納幣則其稱主
人何辭窮也辭窮者何無母也 禮有母母當命諸父兄師友稱諸父
兄師友以行宋公無母莫使命之辭 窮故自命之自命之則不得不稱使（疏）辭窮者何○解云 弟子未解辭窮之
義故執不知問○注禮有母至師友○解云即昏禮記云言
子無父母命之是也○注稱諸父至以行○解云[illegible]

[illegible]

大夫也

[illegible]

之而文不言使者以其非君故也。注宋公至稱使。解云即昏禮記云親皆沒己躬命之是也。然則紀

有母乎曰有以不稱使知有母有則何以不稱母據非主人

何不稱母適使文。母不通也禮婦人無外事但得命諸父兄師友稱諸父兄師友以行耳母命不

得達故不得稱母通使文所以遠別也。別彼列反外逆女不書此何以書據伯

姬歸于宋不書逆人疏注據伯至逆人。解云在成九年春譏譏猶譴也譴遣戰反。何譏

爾譏始不親迎也禮所以必親迎者所以示男先女也於廟者告本也夏后氏逆於庭

殷人逆於堂周人逆於戶。親迎魚敬反注及下同先悉薦反疏注禮所至先女也。解云出昏義文。注於廟

者至於戶。解云即書傳云夏后氏逆於廟庭殷人逆於堂周人逆於戶者是也。始不親迎昉

於此乎前此矣以惠公妃匹不正不嫌無前也。妃音配又芳非反疏注以惠至前也

解云不以正妃匹者是不重昏姻之禮故知往前宜有不親迎之事矣前此則曷為始

乎此託始焉爾焉爾猶於是也曷為託始焉爾據納幣不託始春

秋之始也春秋正夫婦之始也夫婦正則父子親父子親則君臣和君臣和則天下治故夫婦者人道

之始王教之端內逆女常書外逆女但疾始不常書者明當先自正躬自厚而薄責於人故略外也。治直吏反疏

注夫婦正至之端。解云昏義鄭注云言子受氣性純則孝孝則忠是也。注內逆女常書者即下二年冬公子翬宣元年公

子遂成十四年叔孫僑如之屬是也女曷為或稱女或稱婦或稱夫

人女在其國稱女未離父母之辭紀履緰來逆女是也。未離力智反下同在

塗稱婦在塗見夫服從之辭公子結媵陳人之婦是也疏女曷為或稱女者即此經是也或稱婦者

莊十九年陳人之婦是也。注在塗見至之辭。解云案僖二十五年宣元年傳皆云其稱婦何有姑之辭也若彼二

義故也何者在塗稱婦者服從夫辭其至國猶稱婦者對姑生稱也入國稱夫人入國則尊尊有

臣子之辭夫人姜氏入國也紀無大夫書紀履緰者重昏禮也月者不親迎例月重錄之親迎例時疏注入國至

[illegible]

入是也。解云在莊二十四年秋是也。注月者至例時。解云不親迎例月者即此文及桓三年秋七月公子翬宣元年正月公子遂之屬是也其親迎時者即莊二十四年夏公如齊逆女莊二十七年冬莒慶來逆叔姬之屬是也有不如此者別見義即文四年夏逆婦姜成十四年秋叔孫僑如之屬是也當文自有解不能逆說也。冬十月

伯姬歸于紀伯姬者何内女也 以無所繫也不稱公子者婦人外成不得獨繫父母 疏伯姬者何。解云欲言内女於紀言歸欲言外女文無所繫故執不知問。注不稱公至父母。解云正以莊元年傳云羣公子之舍則已卑矣明有得稱公子之道故注者決之。其言歸何 据去父母國也 婦人謂嫁曰歸 婦人生以父母爲家嫁以夫爲家故謂嫁曰歸明有二歸之道書者父母恩録之也禮男之將取三日不舉樂思嗣親也女之將嫁三夜不息燭思相離也内女歸例月恩録之。取七住反。疏注婦人生至爲家。解云謂始生時。注明有二歸之道也。解云即此伯姬歸于紀宣十六年秋郯伯姬來歸之屬是也。注禮男之至女將嫁。解云皆出禮記曾子問。注内女歸至録之。解云即此文冬十月隱七年三月叔姬歸于紀成九年二月伯姬歸于宋之屬是也。

紀子伯莒子盟于密紀子伯者何無聞焉爾 言無聞者春秋有改周受命之制孔子畏時遠害又知秦將燔詩書其說口授相傳至漢公羊氏及弟子胡毋生等乃始記於竹帛故有所失也。紀子伯左氏作子帛遠于萬反燔扶元反毋音無。疏紀子伯者何。解云欲言紀君經不稱侯欲言大夫復敘人君之上故執不知問。十有二月乙卯夫人子氏薨夫人子氏者何隱公之母也 以不書葬 疏夫人子氏者何。解云欲言魯之夫人終無葬處妾子未識故執不知問。注以不書葬。解云今隱公欲表己讓故宜在早卒其母不成夫人之禮是以見其不書葬知其是隱公母也。何以不書葬 据姒氏書葬。姒音似。疏注据姒氏書葬。解云即定十五年九月辛巳葬定姒是也彼定姒之子哀公者未踰年之君也其母亦得書葬今隱公雖欲讓桓不作成君應以未踰年之君公其母不書葬故據而難之 成公意也何成乎公之意 据已立即位。去起呂反 子

[illegible]

將不終爲君故母亦不終爲夫人也時隱公卑屈其母不以夫人禮葬之以妾禮葬之以卑下桓母無終爲君之心得事之宜故善而不書葬所以起其意而成其賢子者姓也夫人以姓配號義與仲子同書薨者爲隱公恩錄痛之也日者恩錄之公夫人皆同例也○丁遐嫁反

【疏】注子者至子同○解云上文仲子之下而注云仲字子姓婦人以姓配字不忘本國亦不適同姓今此稱姓者亦是示不適同姓之義故云義與仲子同其不稱字之義乃自異故注云以姓配號號即夫人是也○

鄭人伐衛書者與入向同侵伐圍入例皆時○

【疏】注書者與入向同○解云即上注云凡書兵者正不得也外內深淺皆舉之者因重兵害衆是也○注侵伐圍入例皆書時○解云其侵伐書時者即僖二十八年春晉侯侵曹晉侯伐衛之屬是也入例時者已說於上而注言此者正以文承日月之下故須解之

三年春王二月二月三月皆有王者二月殷之正月也三月夏之正月也王者存二王之後使統其正朔服其服色行其禮樂所以尊先聖通三統師法之義恭讓之禮於是可得而觀之○

【疏】注二月至王者

解云二月有王即此是三月有王者即定元年王三月之屬是也○注使統其正朔○解云統者始也謂各使以其當代之正朔爲始也○注所以尊至觀之○解云春秋黜杞而言通三統者黜杞爲魯也通三王之正若爲師法之義

己巳日有食之何以書諸言何以書皆問主書○

【疏】注諸言至主書○解云全此乃解之者正以有所据下言何以書者還在据彼難此之例故不得然解也即上二年傳云外逆女不書此何以書是也今此直言何以書上無所据則是問主書故云此解○

記異也異者非常可怪先事而至者是後衛州吁弑其君完諸侯初僭魯隱係獲公子翬進諂謀○殺其申志反下殺其君同翬許韋反諂勑檢反

【疏】注是後衛至完

解云在四年春○注諸侯初僭○解云下五年秋初獻六羽傳云何以書譏何譏爾譏始僭諸公也始僭諸公昉於此乎前此矣前此則曷爲始乎此僭諸公猶可言也僭天子不可言也是也○注魯隱係獲者○解云即下六年春鄭人來輸平傳云狐壤之戰隱公獲焉是也○注公子至諂謀○解云下四年秋翬帥師及宋公以下伐鄭傳云公子翬諂乎隱公謂隱公曰百姓安子諸侯說子盍終爲君矣是也此等諸事皆是陰陽之象故取之日食

日食則曷

[illegible]

天子曰崩[illegible]大夫曰卒[illegible]

[illegible]

[illegible]必其時也[illegible]

[illegible]天子記崩不記葬[illegible]

[illegible]何以不書葬[illegible]

[illegible]三月庚戌天王[illegible]

[illegible]

[illegible]大夫也[illegible]

[illegible]其稱[illegible]何[illegible]

[illegible]貶曷為貶[illegible]

[illegible]譏世卿[illegible]

[illegible]

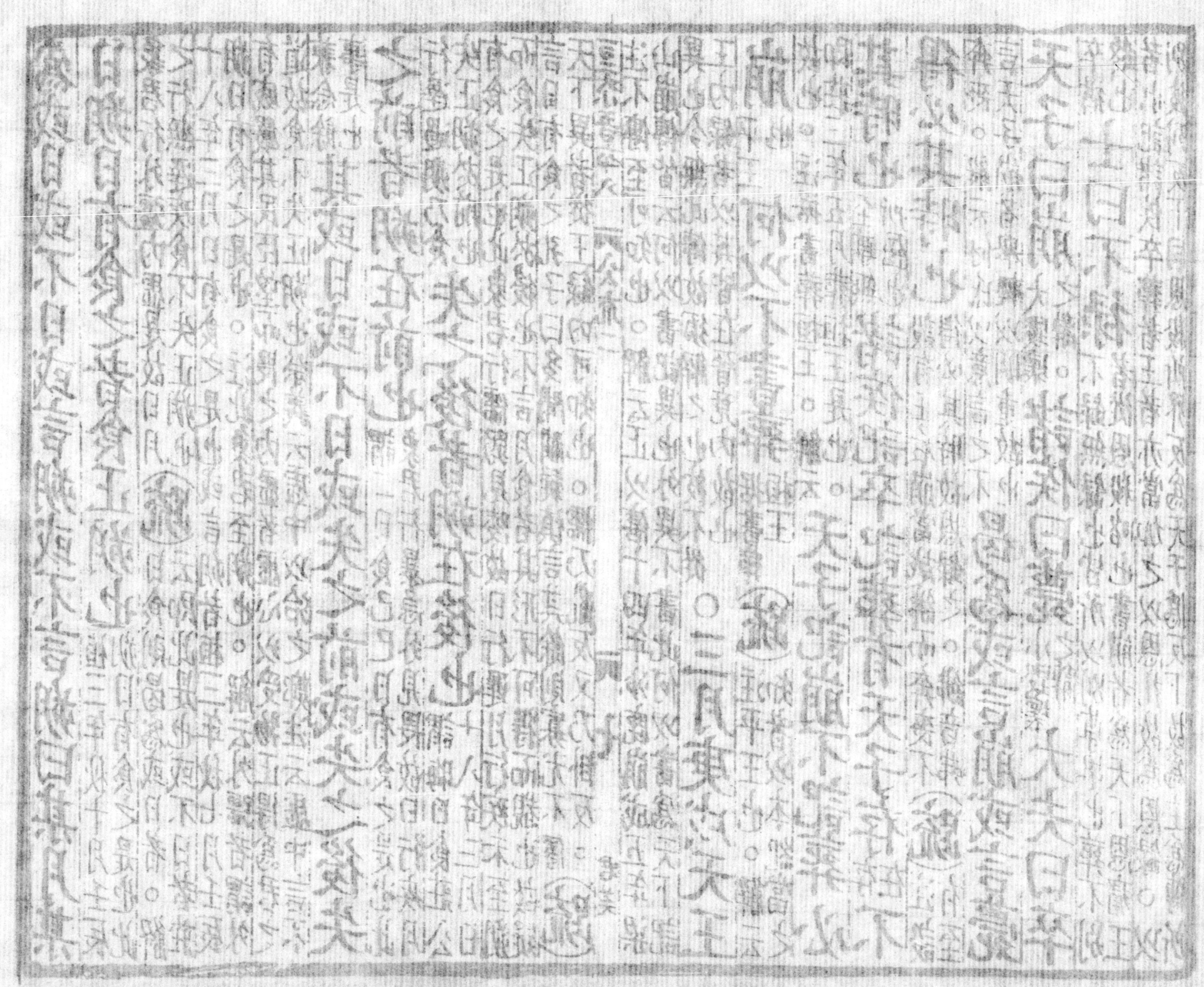

爲同。○夏四月辛卯，尹氏卒。尹氏者何？天子之大夫也。以尹氏立王子朝也。○尹氏，左氏作君氏。朝如字。

疏　尹氏者何。解云：欲言諸侯，不言國爵；欲言外臣，而書其卒；欲言内臣，内無尹氏，故執不知問。○注以尹氏立王子朝也者。解云：在昭二十三年。

其稱尹氏何？據宰渠氏官，劉卷卒名。○卷音權。

疏　注據宰渠氏官者。解云：即桓四年夏天王使宰渠伯糾來聘是。○注劉卷卒名者。解云：在定四年秋。

貶。曷爲貶？據俱卒也。

疏　注據俱卒也。解云：據劉卷言之。

譏世卿。世卿者，父死子繼也。貶去名言氏者，起其世也，若曰世世尹氏也。○去，起吕反。

世卿非禮也。禮：公卿大夫士皆選賢而用之。卿大夫任重職大，不當世，爲其秉政久，恩德廣大，小人居之，必奪君之威權，故尹氏世立王子朝，齊崔氏世弑其君光。君子疾其末則正其本，見譏於卒者，亦不可造次無故驅逐，必因其過卒絶之。明君案見勞授賞，則衆譽不能進無功；案見惡行誅，則衆讒不能退無罪。○見譏，賢遍反，下同。造，七報反。

疏　世卿非禮也。解云：詩序云古之仕者世祿也，於賢者言之也。○注齊崔至君光。解云：崔氏世者，即宣十年齊崔氏出奔衛，傳云崔氏者何？齊大夫也。其稱崔氏何？貶。曷爲貶？譏世卿，世卿非禮也是也。言弑其君光者，在襄二十五年夏。○注君子疾其末。解云：即襄二十五年與昭二十三年是也。○注則正其本者。解云：即此及宣十年是也。○注見譏至絶之。解云：必因過卒絶之者，過即崔氏出奔衛、尹氏立王子朝是也，卒即此文是也。若然，尹氏立王子朝還言尹氏，而崔杼弑其君光不復言崔氏者，正以大夫弑君例稱其名故也。○注明君至無功。解云：衆譽者，若共工、驩兜等迭相爲譽之類是也。○注案見惡至無罪。解云：謂君有明德，案見惡行誅，則刑不濫也，故雖衆讒亦不能退無罪之善人也。舊云言不能退無罪者，謂不能退使無罪，非也。

外大夫不卒，此何以卒？據原仲不卒。

疏　注據原仲不卒。解云：即莊二十七年秋，公子友如陳葬原仲，而經不書原仲之卒是也。

天王崩，諸侯之主也。時天王崩，魯隱往奔喪，尹氏主儐贊諸侯，與隱交接，而卒恩隆於王者，則加禮錄之，故爲隱恩錄痛之。日者，恩錄之，明當有恩禮。

疏　注時天至恩禮。解云：魯隱奔喪而不書者，蓋以得其常故也。若遣大夫往則書之，即文九年二月叔孫得臣如京師，辛丑葬襄王是也。彼傳云王者不書

[illegible]

葬此何以書不及時書過時書彼注云重錄失時我有往者則書彼注云謂使大夫往也惡文公不自往故書葬以起大夫之會是也○注恩隆至錄之○解云言隱公恩隆於王者則加禮錄其償賵之人也○秋武氏子來求賻武氏子者何天子之大夫也其稱武氏子何据宰渠氏官仍叔不稱氏尹氏不稱子疏武氏子者何○解云欲言王臣不言王使欲言諸侯之臣文無繫國故執不知問○注据宰渠氏官者二解云即桓四年夏天王使宰渠伯糾來聘是也○注仍叔不稱氏○解云即桓五年天王使仍叔之子來聘是也譏何譏爾父卒子未命也時雖世大夫緣孝子之心不忍便當父位故順古先試一年乃命於宗廟武氏子父新死未命而便為大夫薄父子之恩故稱氏言子見未命以譏之疏注時雖世大夫○解云知者王見尹氏之屬故也○注緣孝至宗廟解云知如此者正以此經譏父卒子未命而便為大夫故也何以不稱使据南季稱使疏注据南季稱使○解云即下九年春天王使南季來聘是也當喪未君也當喪謂夫子也未居君位稱使也故絕正其義與毛伯同疏注未君至伯同○解云即文九年春毛伯來求金傳云何以不稱使當喪未君也踰年矣何以謂之未君以天子三年然後稱王緣民臣之心不可一日無君故踰年即位緣孝子之心即三年不忍當是故三年乃稱王命使大夫矣武氏子來求賻何以書不但言何以書者嫌以主覆問上所以說二事不問求賻○覆芳服反疏注不但至求賻○解云止二事者即父卒子未命當喪未君是也嫌言父卒子未命何以書當喪未君何以書故須連言之注主為求賻書也者嫌為上二事書故也譏何譏爾喪事無求求賻非禮也主為求賻書也禮本為有財者制有則送之無則致哀而已不當求求則皇皇傷孝子之心疏注求則皇至子之心解云言制禮本意所以喪事無求者恐傷孝子之心故也何者正以孝子本意無心求矣蓋通于下云爾者嫌天子財多不當求下財少可求故明皆不當求之疏蓋通于下○解云蓋詁為皆若似蓋云脈哉之類或者不受於師故疑之○八月庚辰宋公和卒不言薨者春秋王魯死當有王

文聖人之為文辭孫順不可言崩故貶外言卒所以褒內也宋稱公者殺後也王者封二王後地方百里爵稱公客待之而不臣也詩云有客宿宿有客信信是也○孫音遜 疏 注故貶至內也○解云曾得尊名不與外諸侯同文即是尊曾為王之義○冬十有二月齊侯鄭伯盟于石門○癸未葬宋繆公葬者曷為或日或不日不及時而日渴葬也不及時不及五月也禮天子七日而葬同軌畢至諸侯五月而塟同盟至大夫三月而塟同位至士踰月外姻至孔子曰葬於北方北首三代之達禮也之幽之故也渴喻急也乙未葬齊孝公是也○宋繆公音穆左氏作穆凡此後放此首手又反 疏 注禮天子至姻至○解云皆隱元年左傳文○注孔子至故也解云檀弓下篇文云孔子曰之下無禮字○注渴喻至是也辭云即僖二十七年六月庚寅齊侯昭卒八月乙未葬齊孝公是也而言渴葬者謂更無他事但孜孜於葬故不待五月矣不及時而不日慢葬也慢葬不能以禮葬也八月葬蔡宣公是也 疏 注慢薄至葬也○解云即下八年夏六月己亥蔡侯考父卒○注八月至是也○解云言但自慢薄不依礼故不待五月也過時而日隱之也隱痛也痛賢君不得以時葬丁亥葬齊桓公是也○ 疏 注隱痛至是也○解云即僖十七年冬十二月乙亥齊侯小白卒十八年秋八月丁亥葬齊桓公是也過時而不日謂之不能葬也解緩不能以時葬夏四月葬衛桓公是也○解古避反又古賣反 疏 注解緩至是也解云即下四年二月戊申衛州吁弒其君完至五年夏四月塟衛桓公是也當時而不日正也六月葬陳惠公是也○當時丁浪反又如字下同 疏 注六月至是也○解云即定四年二月癸巳陳侯吳卒六月葬陳惠公是也當時而日危不得葬也此當時何危爾宣公謂繆公曰以吾愛與夷則不若愛女以為社稷宗廟主則與夷不若女盍終為君矣與夷者宣公之子繆公者宣公之弟○與夷如字又音餘及人名字及地名之類皆倣首音借假字則時復重出愛文音

女下及注同盡然尸臘反四年傳同（疏）當將至葬也。○解云即此年八月宋公和卒十三月癸未葬宋繆公是也

而注不言之者以下有問不注可知也。○以吾至愛女。○解云君如女也言吾愛於與夷則不止如女而已言其甚也云以爲社稷宗廟主則與夷不若女者言不如女道其不賢云盡終爲君矣者何不遂爲君不聽其反讓

宣公死繆公立繆公逐其二子莊公馮與左師勃左師官勃名也。○馮皮冰反曰爾爲吾子生毋相見死毋相哭所以遠絕之。○生毋音無下同與夷復曰復報先君之所爲不與臣國而納國乎君者以君可以爲社稷宗廟主也今君逐君之二子而將致國乎與夷此非先君之意也且使子而可逐則先君其逐臣矣繆公曰先君之不爾逐可知矣爾女也可知者欲使君美

我反國。○吾立乎此攝也暫攝行君事不得傳與子也謙辭。○傳與直專反下音與終致國乎與夷莊公馮弑與夷馮與督共弑殤公在桓二年危之於此者死乃反國非至賢之君不能不爭也。○馮弑音試注同爭爭鬬之爭（疏）注馮與至二年。○解云即桓二年春王正月戊申宋督弑其君與夷及其大夫孔父是也。○注死乃至爭也。○解云至賢之君謂受國者正以與夷不賢故終見纂矣。○故君子大居正明脩法守正最計之要者（疏）故君子大居正。○解云言由是之故君子之人大其適子居正不勞違礼而讓庶也宋之禍宣公爲之也言死而讓開爭原也繆公亦死而讓得爲功者反正也外小惡不書錄淺隱者明諸侯卒王者當加恩意憂勞其國所以哀死閔患也。○（疏）注言死而至原也。○解云言後人見其死乃讓以疑非誠心至意是以還讓其子繆公後禍故曰開爭原也。○注繆公至反正也。○解云其繆公之功即隱三年馮弑君是也。○注所以哀死閔患也。○解云哀死者即隱之屬是也閔患者隱之是也

四年春王二月莒人伐杞取牟婁牟婁者何

杞之邑也以上有伐杞○牟武侯反疏牟婁者何。解云外相取邑例所不書疑非凡取故

執不知問外取邑不書此何以書據楚子伐宋取彭城不書疏注據楚至

不書。○解云即襄元年傳曰魚石走之楚楚爲之伐宋取彭城以封魚石者是也疾始取邑也

外小惡不書以外見疾始著取邑以自廣大比於貪利差爲重故先治之也內取邑常書外但疾始不常書者義與上逆

女同不傳託始者前此有滅不嫌無取邑當託始明故省文也取邑例時。○見疾賢徧反弁未見狼同差初賣反疏

注內取邑常書者。○解云即下十年取郜防昭二十一年取闞之屬是也。○注義與上逆女同。○解云即上注云伐逆女

常書外逆女但疾始不常書者明當先自正躬自厚而薄責於人故略外是也。○注傳不託始者。○解云何故不發傳云

取邑昉於此乎前此矣前此則曷爲始於此託始焉爾曷爲託始焉爾春秋之始也凡不託始之義有四一則見其重而

不託始即上二年彼注云據戰伐不言託始納幣不託始之類是也二則其大惡不可託始即五年初獻六羽之下傳云

始僭諸公昉於此乎前此矣前此則曷爲始於此僭諸公猶可言僭天子不可言彼注云傳云爾者解不託始也三則省

文不假託始即此是也四則無可託始即桓七年焚咸丘之下注云傳不託始者前此未有無所託也是也。○注取邑例

時。○解云即下六年冬宋人取長葛之屬是然則取牟婁雖在月下不蒙上月也。○戊申衞州

吁弒其君完曷爲以國氏據齊公子商人弒其君舍氏公子。○弒其申志

反弒字從式殺字從殳不同也君父言弒積漸之名也臣子云殺卑賤之意也字多亂故時復音之可知則不重出也完

音丸疏注據齊至公子。○解云在文十四年秋也商人所以得稱公子者正以商人次正當立其罪差輕故也。○以

當國也與段同義曰者從外赴辭以賊聞例疏注與段同義者。○解云即上元年注云欲當國爲君

故如其意使如國君氏上鄭所以見段之以逆是也。○注曰者至聞例。○解云公羊之例合書則書不待赴告而言從外

赴辭者謂其君被弒此君之臣即以其日赴於天子諸侯望天子諸侯早來救已是以春秋悉皆書日故云日者從外赴

辭也言以賊聞例者言以賊弒君聞於天子諸侯例日如此故下八年傳云卒何以日而葬不日卒赴何氏云赴天子也

絕天子閔傷欲貶其卹之義亦通乎此〇夏公及宋公遇于清遇者何不期也一君出一君要之也古者有遇禮為朝天子若朝罷朝卒相遇于塗近者為主遠者為賓稱先君以相接所以崇禮讓絕慢易也當春秋時出入無度禍亂姦宄多在不虞無故卒然相要小人將以生心故重而書之所以防禍原也言及者起公要之明非常遇也地者重錄之遇例時〇要之一遙反注同易以豉反

疏遇者何〇解云欲言冬又見其文曰夏欲言會聚又不言會故執不知問〇注言及者至遇也〇解云正以及者汲汲之義故也其常遇者即朝天子罷朝之時相遇于塗是也〇注遇例時者〇解云即隱八年春宋公衛侯遇于垂莊三十年冬公及齊侯遇于魯濟及此之屬皆是而僖十四年夏六月季姬及鄫子遇于防書月者彼注云甚惡內是也

〇宋公陳侯蔡人衛人伐鄭〇秋翬帥師會宋公陳侯蔡人衛人伐鄭翬者何公子翬也以入桓稱公子

疏翬者何〇解云無公子故執不知問〇注以入桓稱公子〇解云即桓三年秋公子

翬如齊逆女是也何以不稱公子貶曷為貶據叔老會鄭伯伐許不貶

疏注據叔至不貶〇解云在襄十六年夏〇與弒公也弒者殺也下云弒君之辭以終隱之篇貶知與弒公也〇與弒音試下及注同〇

疏注以終隱至弒公〇解云即此及十年夏翬帥師會齊人鄭人伐宋傳云此公子翬也何以不稱公子貶曷為貶隱之罪人也故終隱之篇貶也是也

其與弒公奈何公子翬諂乎隱公諂猶佞也謂隱公曰百姓安子諸侯說子盍終為君矣隱曰吾否否不也〇說音悅吾使脩塗裘吾將老焉塗裘者邑名也將老焉者將辟桓居之以自終也故南面之君勢不可復為臣故云爾不以成公意者隱本為桓守國國邑皆桓之有不當取以自為也〇將辟音避今本多即作辟字後不更音復扶又反本為于為反下自為傳吾為皆同〇

疏注不以成至為也〇解云上元年傳云公何以不言即位成公意也此傳何以不言營塗裘何以不書成公意也言隱非正君直為他守國而已邑非己有不當擅取之

賊之來是以不得作成公意解也。公子翬恐若其言聞乎桓，於是謂桓曰：吾為子口隱矣。口猶口語相發動也。疏注口猶至動也。○解云：語讀如子語魯大師之語。○隱曰：吾不反也。桓曰：然則奈何？曰：請作難。難乃旦反，注同。難也。○弒隱公。諡者，傳家所加。疏注諡者至所加。○解云：死諡，周道也。今始請弒，已言隱公者，公羊子從後加之，所以至此乃注者，嫌是傳語，故明之。於鍾巫之祭焉弒隱公也。鍾者，地名也。巫者，事鬼神禱解以治病請福者也。男曰覡，女曰巫。傳道此者，以起淫祀之無福。○禱解丁老反，或丁報反，下古賣反，又古買反。覡户狄反。疏注男曰覡女曰巫。○解云：楚語文也。○注傳道至無福。○解云：直言弒隱公，義勢已盡，而必言於鍾巫之祭焉者，以起淫祀之無福故也。○

九月，衛人殺州吁于濮。其稱人何？據晉殺大夫里克俱弒君賊，不稱人。○濮音卜，一音剝。疏注據晉殺大夫里克。○解云：在僖十年夏。○討賊之辭也。討者，除也。明国中人人得討之，所以廣忠孝之路。書者，善之也。討賊例時，此月者，久之也。疏注討賊例至久之也。○解云：討賊例時者，莊九年春齊人殺無知是也。桓六年秋八月蔡人殺陳佗，亦書月者，與此同也。

○冬，十有二月，衛人立晉。晉者何？公子晉也。以下有衛侯晉卒，又言立。疏晉者何。○解云：欲言正而文言立，欲言非正而衆立之，故執不知問。○注以下至言立。○解云：以有衛侯晉卒，則知此文衛人立晉者，是先君之子，公子始立之為君矣。又言立者，篡文，知非正立之入子，故知公子矣。其衛侯晉卒在桓十三年冬。立者何？立者不宜立也。諸侯立不言立，此獨言立，明不宜立之辭。疏立者何。○解云：諸侯之立，例所不書，今特言立，故執不知問。○其稱人何？據尹氏立王子朝也。疏注據尹至朝也。○解云：在昭二十三年秋。衆立之之辭也。晉得衆，国中人人欲立之。然則孰立之？石碏立之。石碏立之，則其稱人何？據尹氏立王子朝不稱人。○碏七略反，一音七洛反。衆之所欲立也。衆

何休學。

五年春公觀魚于棠何以書譏何譏爾遠也公曷爲遠而觀魚據浚洙也。觀魚左氏作矢魚浚思俊反洙常朱反疏注據浚洙也。解云莊九年冬浚洙傳曰洙者何水也浚之者何深之也曷爲深之畏齊也注云洙在魯北齊所由來然則所國北自有洙水何故遠至棠地而觀魚乎故譏之登來之也登讀言得來得來之者齊人語也齊人名求得爲得來作登來者其言大而急由口授也。登來依注登音得疏注得來至語也。解云齊人名求得爲得來而云此者謂齊人急語之時得聲如登矣。注由口授也。解云謂爲語之時猶言得來之至著竹帛時乃作登字故言由口授矣百金之魚公張之解言登來之意也百金猶百萬也古者以金重一斤若今萬錢矣張謂張罟罟障谷之屬也。罟音古鄣之尚反又音章疏注解言至意也。解云正以價直百金故言得來之。注障谷之屬也。解云僖三年傳云桓公曰無障谷云是也登來之者何弟子未解其言大小緩急故復問之。解戶買反或佳買反故復扶又反下不得復同美大之之辭也其言大而急者美大多得利之辭也實譏張魚而言觀譏遠者恥公去南面之位下與百姓爭利匹夫無異故諱使若以遠觀爲譏也諸諱王書者從實也觀例時從行賤略之疏注觀例時。解云莊二十三年夏公如齊觀社及此是也彼此非禮故言從行賤略之棠者何濟上之邑也濟者四瀆之別名江河淮濟爲四瀆。濟上子禮反注同濟水之上疏棠者何。解云正以棠非水名而於之觀魚故執不知問。注江河至四瀆。解云即釋水云江河淮濟爲四瀆四瀆者發源注海者也。夏四月葬衛桓公疏夏四至桓公。解云即上三年傳云過時而不日謂之不能葬也何氏云解緩不能以時葬夏四月葬衛桓公是也然則桓公見弒在去年之春過期乃葬故以解緩言之。秋衛師入盛曷爲或言率師或不言率師將尊師衆稱某

監本附音春秋公羊注疏隱公卷第三

何休學。

經五年春公觀魚于棠何以書譏何譏爾遠也

公曷爲遠而觀魚登來之也 [illegible]

百金之魚公張之 [illegible]

登來之者何美大之之辭也 [illegible]

棠者何濟上之邑也 [illegible]

夏四月葬衛桓公 [illegible]

秋衛師入盛 [illegible]

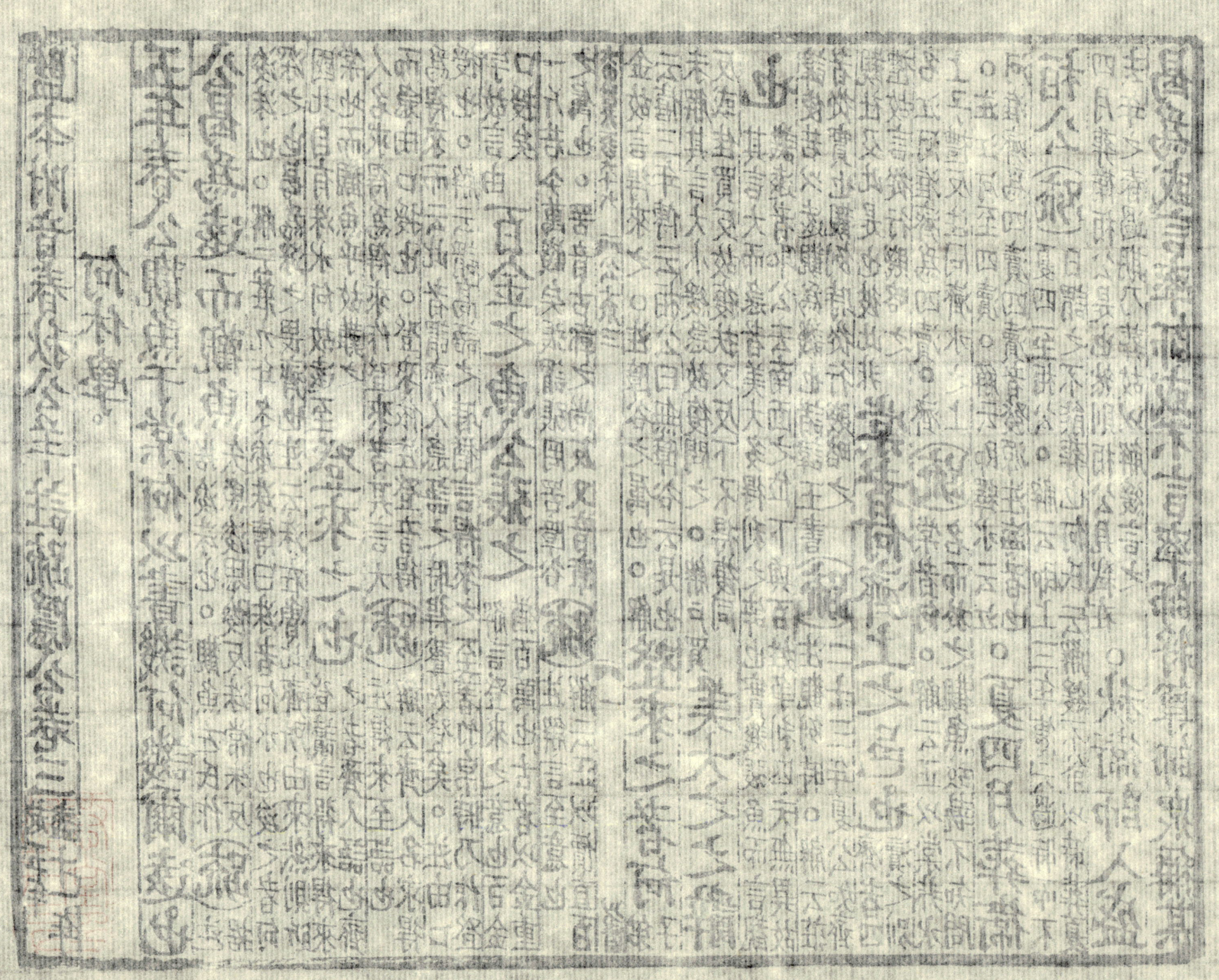

率師將尊者謂大夫也師衆者滿二千五百人以上也二千五百人稱師無駭率師入極是也禮天子六師方伯二師諸侯一師。入盛音成左氏作郕【疏】注將尊至夫也。解云公羊之例大夫見名氏出云此。注二千至稱師。解云大司馬序官文。注無駭至是也。解云在上二年夏。注天子至六師。解云天子六師者即周王于邁六師及之是也方伯者九州牧也即王制云千里之外設方伯是也二師者即昭五年春王正月舍中軍舍中軍者何復古也是矣然則魯之初封地方七百里至於僖公復伯禽之宇更爲州牧而以二軍爲復古是爲方伯二師方伯之屬而以二師爲正則知凡平諸侯一師明矣然則論語云子曰三軍可奪帥之屬其指王官之伯乎將尊師少稱將師少者不滿二千五百人也衛孫良夫伐廧咎如是也。咎音羔【疏】注衛孫至是也。解云成三年晉郤克衛孫良夫伐廧咎如是也不言郤克者科舉以言之將卑師衆稱師將卑者謂士也衛師入盛是也將卑師少稱人鄭人伐衛是也【疏】注鄭人伐衛是也。解云在上二年冬也君將不言率師書其重者也分別之者責元帥因錄功惡有小大救徐從王

伐鄭是也。別彼列反元率所類反本又作帥【疏】注分別至小大。解云責元帥者凡書兵者是正不得故責之也因錄功惡有小大者即將尊師衆而有功小將卑師少而有功大將卑師少而無功爲惡小將尊師衆而無功爲惡大是也。注救徐至是也。解云僖十五年春公孫敖率師及諸侯之大夫救徐桓五年秋蔡人衛人陳人從王伐鄭是也公孫敖救徐者將尊師衆無功是其惡大也蔡人等從王伐鄭稱人而行義是其功大也。九月考仲子之宮考宮者何考猶入室也始祭仲子也考成也成仲子之宮廟而祭之所以居其鬼神猶生人入宮室必有飲食之事不就惠公廟者妾母卑故雖爲夫人猶特廟而祭之禮妾廟子死則廢矣不言立者得變禮也加之者宮廟尊卑共名非配號稱之辭故加之以變也【疏】注考宮者何。解云上無立文而經言考春秋之內更無考禮故執不知問。注猶生至之事。解云即下雜記云路寢成則考之而不釁鄭注云言路寢者生人所居不釁者不神之也考之者設盛食以落之檀弓曰晉獻文子成室諸大夫發焉張老曰美哉輪焉美哉奐焉歌於斯哭於斯聚國族於斯文子曰武也得歌於斯哭於斯聚國族於斯是全

[illegible]未言[illegible]書其重[illegible]

要領以從先大夫於九原北面再拜稽首者是也。注禮妾
至廢矣 解云即喪服小記云慈母與妾母不世祭鄭注云
以其非正 即引穀梁傳云於子祭於孫止是也。注不言至
禮也 解云欲決成六年立武宮定元年立煬宮皆言立者
以其非禮故也。注加之至絕也 解云言宮廟尊卑共名
者尊亦言宮故武宮煬宮是君仲子是妾是尊卑共名號稱者即
仲子是也武煬是君配宮言之正是其宜仲
子是妾不宜與宮廟連文故加之以絕之矣 桓未君則
曷為祭仲子 据無子不廟也 疏 注据無子不廟也 解云即上解於孫止是也其子死訖
猶尚不祭其子未君之時不祭明矣故難之然則妾母之貴
正由其子為君即元年傳云母以子貴是也若子未為君之
時義與未踰年之君相似莊三十二年傳云未
踰年之君也有子則廟無子不廟義亦通於此 隱為桓立
故為桓祭其母也然則何言爾成公意也 尊桓之母為立廟所以尊桓當立得事之宜故善而
書之所以起其意成其賢也。隱為于偽反 初獻六羽
初者何始也六羽者何舞也 持羽而舞 疏 初者何 解云獻羽
大各反六音

是常而一反言初故執不知問。六羽者何 解云諸侯例用四此反言六羽故執不知問 初獻六羽
何以書譏何譏爾譏始僭諸公也 僭齊也下傚上之辭 疏
初獻至以書 解云不但言何以書譏覆問上文始與
舞故復擧句而問之不注之者與三年求賻同故省文 六
羽之為僭奈何天子八佾 佾者列也八人為列八八六十四人法八風。八
佾音逸列也 諸公六 六人為列六六三十六人法六律 諸侯四 四人為列四四十六人法
四時 諸公者何諸侯者何天子三公稱公王者
之後稱公其餘大國稱侯 大國謂百里也 疏 諸公者何 解云正以
諸公有二等故執不知問。諸侯者何 解云漫言諸侯明
是五等摠名文次公下復是偏指七命故執不知問所以不
併荅訖而連句問之者正以上文并解諸公六諸侯四故也
。注大國謂百里也 解云公侯方百里王制文也侯與公
等者據有功者言之矣小國稱伯子男者王以上
已有侯故不復言之其實此平之侯正與伯等 小國稱

[illegible]

伯子男小國謂伯七十里子男五十里疏注小國至五十里。解云王制文彼注云此地殷所因夏
爵三等之制也春秋變周之文從殷之質合伯子男以爲一
則殷爵三等者公侯伯也異畿內謂之子周武王初定天下
更立五等之爵增以子男而猶因殷之地以九州之界尚狹
也周公攝政致大平斥大九州之界制禮成武王之意公地
方五百里侯四百里伯三百里子二百里男一百里諸侯亦
以功黜陟之其不合者皆益之地爲百里焉是以周世有爵
尊而國小爵卑而國大者唯天子畿內不增

天子三公者何天子之相也相助也。之相息亮反注及下同疏天子三公者何。解云正以春秋上下無三公之文故執不知問

天子之相則何以三據經但有祭公周公疏注據經至周公解云即桓八年祭公來二云僖九年公會宰周公是也經但有二公而傳言三公故難之

自陝而東者周公主之自陝而西者召公主之一相處乎內陝者蓋今弘農陝縣是也禮司馬主兵司徒主教司空主土春秋撥亂世以絀陟爲本故舉絀陟以所主者言之。陝失冉反何云弘農陝縣也一云當作郟古治反王城郟鄏邵公上照反又作召音同絀勑律反疏注司馬至言之○解云上傳云諸公者何天子之相則何以三三云二公不道二王之後者何二王之後何以二也者正以天子三公主黜陟故偏取言之是以注者觧其意

始僭諸公昉於此乎前此矣前此則曷爲始乎此僭諸公猶可言也僭天子不可言也傳云爾者解不說始也前僭八佾於惠公廟大惡不可言也還從僭六羽議本所當託者非但六也故不得復傳上也加初者以爲常也獻者下奉上之辭不言六佾者言佾則干舞在其中明婦人無武事獨奏文樂羽者鴻羽也所以象文德之風化疾也夫樂本起於和順和順積於中然後榮華發於外是故八音者德之華也歌者德之言也舞者德之容也故聽其音可以知其德察其詩可以達其意論其數可以正其容薦之宗廟足以享鬼神用之朝廷足以尊君臣立之學官足以協萬民凡人之從上教也皆始於音音正則行正故聞宮聲則使人溫雅而廣大聞商聲則使人方正而好義聞角聲則使人惻隱而好仁聞徵聲則使人整齊而好禮聞羽聲則使人樂養而好施所以感蕩

無所通流精神存寧正性故樂從中出禮從外作也禮樂接於身望其容而民不敢慢觀其色而民不敢爭故禮樂者君子之深教也不可須臾離也君子須臾離禮則暴慢襲之須臾離樂則姦邪入之是以古者天子諸侯雅樂鍾磬未曾離於庭卿大夫御琴瑟未曾離於前所以養仁義而除淫辟也魯詩傳曰天子食日舉樂諸侯不釋縣大夫士日琴瑟王者治定制禮功成作樂未制作之時取先王之禮樂宜於今者用之堯曰大章舜曰蕭韶夏曰大夏殷曰大護周曰大武各取其時民所樂者名之堯時民樂其道章明也舜時民樂其脩紹堯道也夏時民樂大其三聖相承也殷時民樂大其護已也周時民樂其伐討也蓋異號而同意異歌而同歸失禮鬼神例日此不日者嫌獨考宮以非禮書故從未言初可知○夫樂音扶發句之端故此朝廷徒侯反好義呼報反下同邪似嗟徵張里反施式豉反爭爭鬭之爭離也力智反下同反未曾在能反下同淫辟匹亦反縣音玄治定直吏反（疏）注傳反韶常昭反夏日戶雅反下同護戶故反紂直久反云至始也○解云其託始者即上二年傳云無駭者何駭也何以不氏貶曷為貶疾始滅也始滅昉於此乎前此矣前此貶曷為始乎此託始焉爾曷為託始焉爾春秋之始也今傳亦宜云前此則曷為始乎此託始焉曷為託始焉爾春

秋之始也而○僭諸公猶可言僭天子不可言解不得託始意也○注前僭至公廟○解云謂自此以前不必要指春秋前也而言惠公廟者欲道於周公廟時不為僭故也○注本所至傳上也○解云由非六之故是以不得復祭傳云上古已有六矣○注羽者至化疾○解云知羽者時王之禮且以舉則沖天所以象文德之風化疾故也詩云右手秉翟者其兼用之乎注夫樂本起於和順和順積於中然後榮華發於外者樂記文也○注故聞至性故○解云溫雅而廣大者土之性也方正而好義者金之性也惻隱而好仁者木之性也整齊而好禮者火之性也樂養而好施者水之性也○注樂從至作也○解云樂記文樂由中出和在心是也禮自外作敬在貌是也此注皆出樂記○注取先王至用之○解云謂同其文質也王者治定制禮功成作樂功成治定同時爾功主於王業治主於教民故明堂位曰周公治天下六年朝諸侯於明堂制禮作樂○注失禮至可知○解云失禮鬼神例日者成六年二月辛巳立武宮之屬是也言考宮與獻羽實同日若置日於考宮上則嫌獻羽不蒙之獨自考宮以非禮而已故從下事言初初是非禮辟則獻羽非禮亦可知然考宮得變禮而不貲於獻羽上者嫌別日故也知初是非禮者正以初稅畝同文矣○

邾婁人鄭

人伐宋邾婁小國序上者主會也【疏】注邾婁至會也。解云傳宋而言主會者謂相共伐宋時邾婁爲首故也。螟何以書記災也災者有害於人物隨事而至者先是隱公張百金之魚設苛令急法以禁民之所致。螟亡丁反蟲食苗心苛音何【疏】注災者有害於人物隨事而至者。解云欲對異爲先事而至故也。注先是至所致。解云苛令急法者即三年春王二月己巳日有食之注云此象君行暴急外見畏是也。冬十有二月辛巳公子彄卒日者隱公賢君宜有恩於大夫益師始見法無駭有罪據俠又未命也故獨得於此日。彄苦侯反見賢徧反【疏】注日者至大夫。解云正以所聞之世例不合日故也。注益師始見法。解云元年十二月公子益師卒是所傳聞之世初始欲見二出之法故不書日也。注無駭有罪。解云即八年冬十有二月無駭卒傳云何以不氏疾始滅也故終身不氏是也。注俠又未命也。解云即九年三月俠卒傳云俠者何吾大夫云未命者是也。宋人伐鄭圍長葛邑不言圍此其言圍何據伐於餘丘不言圍【疏】注據伐至言圍。解云即莊二年夏公子慶父帥師伐於餘丘是也彊也至邑雖圍當言伐惡其彊而無義也欲爲得邑故如其意言圍也所以不知鄭彊者公以楚師伐宋國緡不言彊也。彊渠羌反下同惡烏路反

六年春鄭人來輸平輸平者何輸平猶墮成也何言乎墮成據暈會諸侯伐鄭後未道平也何道墮成。輸平式朱反墮也左氏作渝平墮許規反【疏】輸平者何。解云正以言異於常例故執不知問。注據暈至墮成。解云上四年秋暈帥師會宋公陳侯蔡人衛人伐鄭是也敗其成也暈伐鄭後已相與平但外平不書故云爾【疏】注暈伐至云爾。解云魯與鄭平而言外平者謂伐鄭之後時公子暈在外與鄭平不得公命是以不書故曰外平不書耳曰吾成敗矣吾魯也【疏】曰吾成敗矣。解云稱魯人之辭故加曰吾與鄭人末有成也末無也此傳發者解鄭稱人爲共國辭【疏】注此傳至國辭。解云傳發此吾與鄭人末有成一段事者非直解鄭與魯讙諸侯爲有罪而魯侯不能死難亦當從故今鄭稱人言輸平則魯侯亦合稱人矣

人伐宋。[illegible]

螟。何以書？記災也。（疏）[illegible]

冬，十有二月辛巳，公子彄卒。（疏）[illegible]

宋人伐鄭，圍長葛。（疏）[illegible]

邑不言圍，此其言圍何？（疏）[illegible]

彊也。（疏）[illegible]

六年春，鄭人來輸平。輸平者何？輸平猶墮成也。（疏）[illegible]

何言乎墮成？敗其成也。（疏）[illegible]

曰：吾成敗矣。（疏）[illegible]

吾與鄭人未有成也。（疏）[illegible]

一箇人字兩國共有故云𠏉人為共國辭吾與鄭人則曷為未有成據無戰伐之文狐壤之戰隱公獲焉時與鄭人戰於狐壤為鄭所獲○壤如文反然則何以不言戰戰者內敗文也據鞌戰君獲言師敗績【疏】注戰者內敗文也○解云即桓十年齊侯衛侯鄭伯來戰于郎傳云何以不言師敗績內不言戰言戰乃敗矣彼注云春秋託王於魯戰者敵文也王者兵不與諸侯敵戰乃其已敗之文故不復言師敗績是也○注據鞌至敗績○解云成二年季孫行父以下帥師會晉郤克云云及齊侯戰于鞌齊師敗績秋七月齊侯使國佐如師云云傳云君不行使乎大夫此其行使乎大夫何佚獲也注云佚獲者已獲而逃亡也然則彼獲言敗績則知此時魯侯被獲亦宜言戰故難之諱獲也君獲不言師敗績故以輸平諱也與鞌戰辟內敗文是戰例時偏戰日詐戰月不日者鄭詐之不月者正月也見隱終無奉正月之意不地者深諱也使若實輸平故不地也稱人共國辭者嫌來輸平獨惡鄭擅獲諸侯魯不能死難皆當絕之○難乃旦反【疏】注君獲至諱也○解云君獲不言師敗績即僖十五年晉侯及秦伯戰于韓獲晉侯傳云此偏戰也何以不言師敗績注君舉君獲為重也是也然則此由魯公見獲是以不得言戰故以輸平諱之○注與鞌至敗文○解云成二年傳云君不行使乎大夫此其行使乎大夫何佚獲也注云當絕賤使與大夫敵體以起之君獲不言師敗績等起不去師敗績者辟內敗文也然則鞌戰之時實齊侯被獲宜去敗績直言戰而已但時內大夫在焉辟內敗文故不得言戰矣今此輸平之經自由魯公見獲是以不得言戰故云與鞌戰辟內敗文異○注戰例時偏戰日○解云即桓十二年丁未戰于宋傳云此偏戰也何以不言師敗績云云是也○注詐戰月○解云即莊十年春王正月公敗齊師于長勺之屬是也○注不地者深諱也○解云若地宜言輸平于狐壤以若戰于之類夏五月辛酉公會齊侯盟于艾秋七月此無事何以書春秋雖無事首時過則書首始也時四時也過歷也春以正月為始夏以四月為始秋以七月為始冬以十月為始歷一時無事則書其始月也○艾王盖反【疏】夏五月至則書○解云下無相犯之處而書日者以下八年三月庚寅我入邴傳云其言我何言我者非獨伐也齊亦欲之然則雖不復侵伐亦有爭邑之隙故書

日也首時過則何以書据無事也春秋編年四時具然後為年明王者當奉順四時之正也尚書曰欽若昊天歷象日月星辰敬授民時是也有事不月者人道正則天道定矣○編必連反字林皷類皆布千反一音甫連反昊戶老反○冬宋人取長葛外取邑不書此何以書久也古者師出不踰時今宋更年取邑久暴師苦衆居外故書以疾之不繫鄭舉伐者明因上伐圍取也○更音庚暴步卜反【疏】外取至以書解云据與四年牟婁同

七年春王三月叔姬歸于紀叔姬者伯姬之媵也至是乃歸者待年父毋國也婦人八歲備數十五從嫡二十承事君子媵賤書者後為嫡終有賢行紀侯為齊所滅紀季以酅入于齊叔姬歸之能處隱約全竟婦道故重錄之○從適丁歷反本亦作嫡下同賢行下孟反下異行同酅戶圭反【疏】注叔姬至國也○解云知如此注見上二年冬伯姬歸于紀自爾以來不見紀伯姬卒之文今叔姬又歸之明知是其媵矣注婦人

至君子○解云書傳文○注媵賤至賢行○解云春秋之內例不書媵以其賤故今此書者以其後爲姬終有賢行也知後為嫡者正以莊二十九年冬十二月紀叔姬卒三十年八月癸亥葬紀叔姬卒葬皆書為嫡明矣而成九年伯姬歸于宋書二國媵者彼傳云錄伯姬是也○注紀侯為齊所滅解云即莊四年夏紀侯大去其國是也○注紀季至于齊解云在莊三年○注叔姬至錄之○解云莊十二年春王三月紀叔姬歸于酅傳云其言歸于酅何隱之也何隱爾其國亡矣徒歸于叔爾也是也○滕侯卒何以不名据蔡侯考父卒名【疏】注据蔡至卒名○解云在下八年夏微國也小國故畧不名微國則其稱侯何据大國稱侯小國稱伯子男【疏】注据大至子男○解云上五年傳文案彼大國非直侯而注特言大國稱侯者案彼傳之成文故也不嫌也滕侯卒不名下常稱子不嫌稱侯為大國【疏】注下常稱子解云桓二年滕子來朝因茲已下常稱子矣春秋貴賤不嫌同號貴賤不嫌者通同號稱也若齊亦稱侯滕亦稱侯微者亦稱人貶亦稱人皆有起文貴賤不嫌同號是也○號稱尺證反【疏】注齊亦稱侯○解云

故如此解是以莊三十二年經云夏宋公齊侯遇于梁丘齊
在宋下是其一隅耳○注置上至事出○解云若言八年春
王宋公衛侯遇于垂即嫌栢王亦與之遇故言則嫌爲事出
事謂遇事也或者嫌爲遇事之故出此王故云則嫌爲遇事
出也○注置下至施也○解云天法即春是也

○三月鄭伯使宛來歸邴宛者何鄭之微者也邴者何鄭湯沐之邑也天子有事于泰山諸侯皆從泰山之下諸侯皆有湯沐之邑焉

有事者巡守祭天告至之禮也當沐浴絜齊以致其敬故謂之湯沐邑也所以
尊待諸侯而共其費也禮四井爲邑邑方二里東方二州四
百二十國凡爲邑廣四十里袤四十二里取足舍止共槀穀
而已歸邴書者甚惡鄭伯無尊事天子之心專以湯沐邑歸
魯背叛當誅也錄使者重尊湯沐邑也王者所以必巡守者
天下雖平自不親見猶恐遠方獨有不得其所故三年一使
三公絀陟五年親自巡守巡猶循也守猶守也循行守視之
辭亦不可國至人見爲煩擾故至四嶽足以知四方之政而
已尚書曰歲二月東巡守至于岱宗柴望秩于山川遂覲東

后協時月正日同律度量衡脩五禮五玉三帛二生一死贄
如五器卒乃復五月南巡守至于南嶽如岱禮八月西巡狩
至于西嶽如初十有一月朔巡守至于北嶽如西禮還至嵩
如初禮歸格于禰祖用特是也○宛於阮反人名也一音鳥
卯反又烏勉反邴彼命反又音丙鄭邑左氏作祊彼方用反
巡守手又反本又作狩下除猶守守視以外同絜齊側皆反
本多即作齊字後放此更不音而共音恭下同費芳味反廣
古曠反袤音茂槀古老反甚惡烏路反下同背步內反使所
吏反行下孟反量音亮贄音至嵩因忠反格
本又作假同古百反禰乃禮反本又作蓺○

疏 宛者何○解云欲言
大夫經不言氏欲言微者書名見經故執不知問○邴者何
解云欲言魯物先無取文欲言鄭邑於魯言歸故執不知問
注歸邴至誅也○解云正以將所傳聞之世外小惡不書故
也○注錄使至其所○解云正決哀八年齊人歸讙及僤之
屬不錄使故也○注故三至絀陟○解云書傳文○注五年
至而已○解云堯典文○注尚書至是也○解云准是一字
注者言之以上皆堯典文也鄭注歲二月者正歲建卯之月
也巡守者行視所守也岱宗者東嶽名也柴者考績燎也望
秩于山川者遍以尊卑祭之五嶽視三公四瀆視諸侯其餘
小者或視卿大夫或視伯子男矣秩次也東后東方之諸侯

[illegible]

也歲正四時之月數及日名備有之天說者度丈尺量斗斛衡
斤兩五禮公侯伯子男朝聘之禮云天五玉瑞節執之曰贄陳
列曰玉也三帛所以薦玉也受瑞玉者以帛薦之帛必三者
高陽之後用赤繒高辛氏之後用黑繒其餘諸侯皆用白繒
周禮改之爲纁也二生一死贄者羔鴈生也卿大夫所執雉
死士所執也如者以物相授與之言授贄之器有五卿大夫
上士中士下士也器各異飾飾未聞所用也用禮改之飾羔
鴈飾雉執之而已皆去器卒已也復歸也歿守禮畢乃反歸
矣○毋歸用特牲告于文祖矣五月不言於者以
其文相近八月十一月言初者文相遠故也　庚寅我入
邴其言入何　據上書歸取邑已明無事復書入也○復書扶又反下故復同　難也　入者
非已至之文難辭也此魯受邴與鄭同罪當誅故書入以爲
魯見重難辭○難也乃旦反一音如字注及下同見重賢徧
反下同○疏注入者至之文○解云直就而入之非是將歸之辭也　其日何　據取邑不日○疏
注據取邑不日○解云即隱四年春
王二月莒人伐杞取牟婁之屬也○　難也　以歸後乃日也言時重難不可
即入至此日乃入○　其言我何　據吳伐我以日伐故言我　疏注據吳至言我○解云在哀八年
春　言我者非獨我也　自入邑不得言我有他人在其中乃得言我故能起其非獨我
齊亦欲之　時齊與鄭魯比聘會者亦欲得之故以非獨我起齊惡齊惡起則魯蒙欲邑見於惡愈矣
疏注時齊至得之○解云即上三年冬齊侯鄭伯盟于石
門六年夏公會齊侯盟于艾七年夏齊侯使其弟年來
聘九年冬公會齊侯于邴十年春王二
月公會齊侯鄭伯于中丘之屬是也○　夏六月己亥
蔡侯考父卒○辛亥宿男卒　宿本小國不當卒所以卒而日之者春秋
王魯以隱公爲始受命王宿男先與隱公交接故卒褒之也
不名不書葬者與微者盟功薄當褒之爲小國故從小國例
疏注宿男至交接○解云即上隱公元年秋九月及宋人
盟于宿是也○注爲小至國例○解云即上七年春滕
侯卒不書其葬傳云何以不名微國也者是○　秋七月庚午宋公齊侯衛
侯盟于瓦屋○八月葬蔡宣公卒何以名而
葬不名卒從正　卒當赴告天子君前臣名故從君臣之正義言也○　而葬從主

人至葬者有常月可知不赴告天子故自從禒臣子辭稱公卒何以日而葬不日卒赴赴天子也緣天子閔傷欲其知之又臣子疾痛不能不具以告而葬不告不告天子也發傳於葬者從正也疏注發傳至正也○解云言從正者謂卒日葬不日者是卒葬之正法二年經云癸未葬宋繆公而書日即失其正也其衛桓公葬不發傳者衛桓公者初則見弒于州吁終有簡慢之失侵小國之罪故發傳於此○九月辛卯公及莒人盟于包來公曷爲與微者盟公與齊高傒盟諱之○包來左氏作浮來傒音兮疏注公與至諱之○解云莊二十二年秋及齊高傒盟于防傳云齊高傒者何貴大夫也曷爲就吾微者而盟公也公則曷爲不言公諱與大夫盟也是也稱人則從不疑也從者隨從也實莒子也言莒子則嫌公行微不肖諸侯不肯隨從公盟而公反隨從之故使稱人則隨從公不疑矣隱爲桓立狐壤之戰不能死難又受湯沐邑卒無廉恥令翬有緣諂爲桓所疑故著其不肖僅能使微者隨從之耳蓋痛録隱所以失之又見獲受邑皆諱不明因與上相起也○行戶孟反難乃旦反令力呈反懽其斷反疏注言莒至相立○解云行微者其行卑微不肖者鄭注昏禮記云不肖者不似是也○注狐壤至廉恥○解云在上六年春○注令翬至失之○解云皆以其行微不肖卒無廉恥故也○注又見至起也○解云見獲諱不明者即言輸平是也受邑諱不明者即庚寅我入邴是也何者書日入者見其重難言我者見其欲獨斂也言因與上相起者此經者其不明起其事實甚惡矣○螟先是有狐壤之戰中丘之役又受邴田煩擾之應○應應對之應○疏注有狐壤之戰○解云在六年○注中丘之役○解云在上七年○冬十有二月無駭卒此展無駭也何以不氏莊公子[illegible]公子卒氏疾始滅也故終其身不氏嫌上貶主起入爲滅不爲疾始故復爲疾始滅終身貶之足見上貶爲疾始滅疏此展無駭也○解云正以上二年師展無駭故此弟子因難之○注據公子彄卒解云在五年

九年春天王使南季來聘○三月癸酉大雨

[illegible]

震電何以書記異也何異爾不時也震雷電者陽氣也有
聲名曰雷無聲名曰電周之三月夏之正月雨當水雪雜下
雷當聞於地中其雉雊電未可見而大雨震電此陽氣大失
其節猶隱公久居位不反於桓失其宜也日者一日之中也
凡災異一日者日歷日者月歷月者時歷時者加自文為異
發於九年者陽數可以極而不還國於桓之
所致○震電徒練反雉古豆反見賢遍反疏注雷當至
中也○解
云月令二月雷乃發聲故知正月之時聞於地中矣其雉雊
雞乳雞起季冬之月此時猶然故得言此也亦有一本云雷
當聞於雉雊誤也○注凡災至所致○解云一日者日即此
文是歷日者月即桓八年冬十月雨雪之屬是也歷月者時
即桓元年秋大水之屬是也歷時者加自文為異者
即文二年自十有二月不雨至于秋七月之屬是也○庚
辰大雨雪何以書記異也何異爾俶甚也俶始
怒也始怒甚猶大甚也蓋師說以為平地七尺雪者盛陰之
氣也八日之間先示隱公以不宜久居位而繼以盛陰之氣
大怒此桓將怒而弒隱公之象○雨
于付反俶甚尺叔反始也大甚音泰○俠卒俠者何吾

大夫之未命者也以無氏而卒之也未命所以卒之
者賞疑從重無氏者少畧也○俠
卒音恊設穀梁云
所俠少詩照反疏俠者何○解云欲言大夫經不書氏欲
言微者而記其卒故執不知問○注以
無至畧也○解云無氏降於大夫
書卒隆於微者故知其未命耳○夏城郎○秋七月
○冬公會齊侯于邴○于邴左
氏作防
十年春王二月公會齊侯鄭伯于中丘月者隱
前為鄭
所獲今始與相見故危錄
內明君子當犯而不挍也疏注犯而不校○解云謂
校挍之交不謂為報也○夏
翬帥師會齊人鄭人伐宋此公子翬也何以
不稱公子据楚公子嬰齊貶後復稱
公子○復扶又反又音服疏此公子翬
解云正以上
四年師解云言公子翬故此弟子因以難之○注据楚至公
子○解云成二年公及楚人已下盟于蜀彼傳云此楚公子
嬰齊也其稱人何得壹貶焉爾至成
六年書楚公子嬰齊率師伐鄭是也貶曷為貶隱之

十有二年春王三月公會[illegible]

[illegible]

罪人也故終隱之篇貶也嫌上一貶可移於他書者故終隱之篇貶之明爲隱貶所以起隱之罪人也○明爲于僞反下先爲同○疏注嫌上至人也○解云上一貶謂四年時也○
六月壬戌公敗宋師于菅○公敗必邁反凡臨佗曰敗皆同此音菅古顔反○辛未取郜○郜古報反○辛巳取防取邑不日此何
以日據取闞不日也○闞苦暫反○疏注據取闞不日也○解云即昭三十二年春王正月取闞是也
一月而再取也以起一月而再取故日○何言乎一月而再
取據取鄟東田及沂西田亦一月再取兩邑不日○鄟少絹反又音專沂魚依反疏注據取至不日○解
云哀二年春王二月季孫斯叔孫州仇仲孫何忌帥師伐邾取漷東田及沂西田是也甚之也甚魯因戰
見後生事利心數動○數所角反內大惡諱此其言甚之何春秋
錄內而略外於外大惡書小惡不書於內大

惡諱小惡書明取邑爲小惡一月再取小惡中甚者耳故書也於內大惡諱於外大惡書者明王
者起當先自正內無大惡然後乃可治諸夏大惡因見臣子之義當先爲君父諱大惡也內小惡書外小惡不書者內有
小惡適可治諸夏大惡未可治諸夏小惡明當先自正然後正人小惡不諱者罪薄恥輕敗宋師日者見偏戰也不
言戰者亂王義於魯故不以敵辭言之所以彊王義也○見賢遍反下同○秋宋人衛人入
鄭○宋人蔡人衛人伐載鄭伯伐取之其言
伐取之何據國言滅邑言取○徐人取舒不言伐疏注據國言滅○解云僖五年滅弦之
屬是也○注又徐至言伐○解云在僖三年夏易也其易奈何因其力也載屬爲上三國所伐
鄭伯無仁心因其困而滅之易若取邑故言取欲起其易因上伐力故同其文言伐就上載言取之也不月者移惡上三
因誰之力因宋人蔡人衛人之力也
國○易以豉反下及注同○屬音燭適也○疏注不月至三國○解云正以滅國例月故也○冬十

[illegible]宋人[illegible]

[illegible]宋人[illegible]鄭人[illegible]

[illegible]

月壬午齊人鄭人入盛日者盛魯同姓於隱篇再見入者明當憂錄之○入盛左氏作郕後皆放此疏注日者至錄之○解云正以入例時傷害多則月今此亦云日故解也云再見入者謂五年秋衛師入盛及此爲再入者也

十有一年春滕侯薛侯來朝其言朝何據內言如疏注據內言如○解云即成十三年春公如京師之屬是也諸侯來曰朝大夫來曰聘傳言來者解內外也春秋王魯王者無朝諸侯之義故內適外言如外適內言朝聘所以別外尊內也不言朝公者禮朝受之於大廟與聘同義○別彼列反疏注傳言來者解內外也春秋至外也○解云謂內卿外不言來外卿內乃言來今言諸侯來曰朝大夫來曰聘者據外卿內言之故云解內外也○注與聘同義○解云即上七年夏齊侯使其弟年來聘注云不言聘公者礼聘受之於大廟孝子謙不敢以已當之歸美於先君是也

兼言之何據鄧穀來朝不兼言朝疏注據鄧至言朝○解云桓七年夏穀伯綏來朝鄧侯吾離來朝是也微國也略小國也稱侯者春秋託隱公以爲始受命王滕薛先朝隱公故褒之已於儀父見法復出滕薛者儀父盟功淺滕薛朝功大宿與微者盟功尤小也行之當各有差也滕序上者春秋變周之文從殷之質質家親親先封同姓○見法賢遍反年末注同復出扶又反下文不復注放復同○夏五月公會鄭伯于祁黎○祁黎祁音巨之反又上之反黎音力兮反又力私反左氏作時來○秋七月壬午公及齊侯鄭伯入許日者危錄隱公也爲弟守國不尚推讓數行不義皆至天降災謫臣進諫終不能改又復構怨入許危亡之釁外內並生故危錄之○爲弟于僞反年末注同數所角反釁許靳反○疏注日者至降災○解云上二年夏五月莒人入向彼注云入例時傷害多則月此書日故決之○注謂臣進諫○解云上四年傳云百姓安子諸侯說子是也○冬十有一月壬辰公薨何以不書葬據莊公書葬疏注據莊公書葬○解云即閔元年夏六月辛酉葬我君莊公是也隱之也何隱爾弒也爲桓公所弒○弒申志反注及

月壬午齊人鄭人入盛 [illegible]

十有一年春滕侯薛侯來朝其言朝何 [illegible]

諸侯來曰朝大夫來曰聘 [illegible]

其兼言之何 [illegible]

微國也 [illegible]

夏五月公會鄭伯于時來 [illegible]

秋七月壬午公及齊侯鄭伯入許 [illegible]

冬十有一月壬辰公薨何以不書葬 [illegible]

下並同弑則何以不書葬據桓公書葬（疏）注據桓公書葬解云桓十八年冬十二月己丑葬我君桓公是也桓亦被弑而書葬故難之春秋君弑賊不討不書葬以爲無臣子也道春秋通例與文武異（疏）注道春秋至武異○解云言文武之時周之盛德既無諸侯相弑寧有臣子弑君父者是以古典無責臣子討賊之義春秋撥亂而作時則有之因設其法故言與文武異子沈子曰君弑臣不討賊非臣也不復讎非子也葬生者之事也春秋君弑賊不討不書葬以爲不繫乎臣子也子沈子後師明說此意者明臣子不討賊當絕君喪無所繫也沈子稱子冠氏上者著其爲師也不但言子曰者辟孔子也其不冠子者他師也○冠古亂反下同（疏）注沈子至師也○解云知子沈子爲己師者正以下文宣五年傳云子公羊子同故也○注不但至他師也○解云即昭十年傳云子曰我乃知之矣之屬是也公薨何以不地據莊

大字十　小四百十二　八　十七

公薨于路寢不忍言也不忍言其僵尸之處○僵居良反處昌慮反（疏）注不忍至之處解云不然天年考非人所欲故謂被殺之處爲僵尸之處讀如齊人強之強非強弱之強隱何以無正月據六年輸平不易隱將讓乎桓故不有其正月也嫌上諸成公意適可見始讓不能見終故復發傳終始去正月明隱終無有國之心但桓疑而弑之公薨主書者爲臣子恩痛之他國自從王者恩例錄也○去起呂反（疏）注嫌上至錄也○解云即元年傳曰公何以不言即位成公意歸賵之下傳云然則何言爾成公意二年子氏薨之下傳云何以不書葬成公意五年考仲子之宮下傳云然則何言爾成公意也止一處故言諸也

[illegible]

正月 [illegible] 隱將讓乎桓故不有其正月也 [illegible]

[illegible] 不忍言也 [illegible]

[illegible] 公 [illegible] 何以不 [illegible]

[illegible] 不書葬 [illegible]

[illegible] 春秋君弒賊不討不書葬以為無臣子也 [illegible]

[illegible] 子不復讎非子也 [illegible] 春秋 [illegible]

[illegible] 弒則何以不書葬 [illegible]